무협

차례
Contents

03무협이 뭐길래? 15협(俠), 당신은 누구십니까? 42협(俠)으로 산다는 것 53영웅의 이름으로 72인재강호(人在江湖), 사람이 있는 곳에 강호가 있다 86살아 있는 전설, 무협

무협이 뭐길래?

제73회 아카데미 시상식에서 관심의 초점은 대만 출신 감독 이안(李安)의 「와호장룡 臥虎藏龍」이 과연 몇 개 부문에서 수상을 할 것인가의 문제에 놓여 있었다. 아카데미라고 하는 전적으로 미국적인, "미국인의, 미국인에 의한, 미국인을 위한 영화제"에서 그처럼 이국적인 영화가 상을 받는다는 것은 좀처럼 보기 드문 '사건'이었기 때문이다. 그러나 「와호장룡」이 미대륙을 뜨겁게 달구고 있는 동안, 동아시아의 온라인 네트워크는 또 다른 무협열에 몸살을 앓고 있었다. 중국 중앙 방송국[中國中央電視臺]의 TV 드라마 「소오강호 笑傲江湖」가 그 주인공이었다.

『소오강호』는 양우생(梁羽生), 고룡(古龍)과 더불어 신파 무협(新派 武俠)의 3대가로 불리는 김용(金庸)의 대표작이다. 인민공화국 수립 이후, 중국 정부의 문화 정책에 의해 무협소설은 유통이 금지되었다. 그 때문에 1950년대부터 무협은 대륙에서 자취를 감추었지만, 그렇다고 무협에 대한 사람들의 관심이 완전히 사라진 것은 아니었다. 다만 이민자의 물결을 타고 그 근거지를 옮겼을 따름이다. 홍콩, 대만 등 새로운 근거지에서 사람들의 관심을 끌어 모은 것이 바로 신파 무협이었다. 중국 대륙이 죽의 장막을 걷어 올리자, 새로운 땅에서 성장한 신파 무협은 '권토중래(捲土重來)'의 깃발을 높이 쳐들고 대륙을 휩쓸었다. 가판대마다 고룡의 소설이 판본도 다양하게 전시되고, 김용의 전집은 해마다 값이 오른다. 북경대 중문과 학생들 중의 적어도 반은 김용의 팬이고, 중국어를 사용하는 언중(言衆)이 있는 어디서나 김용은 노신(魯迅)에 버금가는 작가다. 국영 방송인 CC TV가 그의 작품을 드라마화했다는 사실은 '돌아온 무협'의 무시할 수 없는 존재감을 확인시켜 준다.

요즘 중국과 일본, 동남아시아에서 사스만큼 맹위를 떨치고 있는 것이 한국 드라마이다. 이제 드라마 촬영지는 해외 팬들의 발길이 끊이지 않는 한국 관광의 성지가 되었고, 대통령 대신 인기 드라마의 주인공들이 한국의 대외 홍보 CF를 찍는다. 그러나 바로 그 앞에, 영원히 아름다운 청춘으로 기억될 배우의 죽음과 함께 종지부를 찍은 한 시절1)이 있었다. 지금은 퇴락하여 과거의 향수에 젖은 팬들만이 간간히 돌아볼 따름이지만, 십여 년 전만 해도 이 지역을 휩쓸었던 것은 불치의 사랑

을 앓는 '한국의 멜로'가 아니라 비장미 넘치는 '홍콩 누아르'
였다. "개같이 살기보다는 영웅처럼 죽고 싶다"고 외치는 강호
의 들끓는 피가 한류(韓流) 아닌 한류(漢流)를 타고 넘실댔던
것이다. 이야기들의 주인공은 기껏해야 뒷골목 건달패나 위조
지폐범이나 마약밀매자, 아니면 겨우 면직 직전의 강력계 형사
였지만, 그들은 늘 말보다 행동을 앞세우며 자신의 신념을 지
키기 위해 죽어감으로써 이 비정한 세상에서 '의리(義理)'를 위
한 최후의 수호자가 되었다. 그리고 그들에게는 그처럼 스스
로를 '영웅의 죽음'으로 내모는 유서 깊은 혈통이 존재했다.

　일본 드라마가 아니면 한국 드라마에 열광하고, 자국 내에
서 제작한 드라마에는 그다지 관심을 보이지 않는 대만에서도
언제나 고정적인 관객층을 확보하는 유일한 장르가 있다. 바
로 무협사극(武俠史劇)이다. 대만뿐이 아니다. 싱가포르, 홍콩,
지금은 개혁개방의 물살에 수천 만 와트의 전력을 일으키고
있는 중국 대륙까지, 중국어를 사용하는 대중이 있는 그 어디
에서도 '무협'은 대중문화의 꽃이다. 김용의 소설들은 해마다
이 문화권(文化圈) 어디선가 늘 한두 편의 드라마로 제작되
고,2) 홍콩영화는 무협소설 속의 주인공들에게서 성(姓)이나 이
름[名]이나 혈통 또는 사승(師承) 관계를 빌어온 인물들의 만
신전(萬神殿)이나 다름없다. 소설·TV 드라마·영화·만화·인형
극·애니메이션·게임 등 매체의 종류를 불문하고 이 지역 대
중문화는 단 하나의 코드에 기이할 정도로 열광한다. 바로 무
협(武俠)이다. 도대체 무협이 뭐길래?

쌍(雙)이 아니면 대(對)[3] : 짝을 이루는 문화

중국의 수도 북경(北京)은 장방형의 성곽으로 둘러싸인 전형적인 고대 도시의 모습을 보존하고 있다. 인민대회당과 중국 역사박물관이 마주 보고 서 있는 천안문(天安門) 광장을 지나면 지금은 '꾸궁[古宮]'이라 불리는 자금성(紫禁城)이 보인다. 자금성 정동(正東) 방향에는 일단공원(日壇公園)이 있고, 그와 같은 거리만큼 서쪽으로 가면 월단공원(月壇公園)이 있다. 자금성의 동남쪽에는 황제의 신위를 모신 천단공원(天壇公園)이 있고, 자금성을 기준으로 지도를 가로로 반 접을 때 천단공원의 뒷면에 짚이는 것은 다름 아닌 지단공원(地壇公園)이다. 무협 얘기를 하다 말고 난데없이 웬 공원 타령이냐고? 넓은 아량으로 조금만 더 참고 들어 주시기 바란다.

대만의 고궁 박물관에서는 모택동(毛澤東)조차 함부로 손대지 못했던 중국문화의 정수(精髓)들이 줄을 지어 늘어선 채 인류의 찬란한 문명을 증명한다. 나 보란 듯 뽐을 내며 서 있는 유물들을 찬찬히 둘러보노라면, 곧 한 가지 사실에 주의를 기울이게 된다. 바로 물건들이 쌍이나 대를 이루어 늘어서 있다는 점이다. 전시실로 통하는 문 앞에 서 있는 다소 호들갑스러운 무늬의 도자기부터 전시실 안의 의젓한 족자나 옥기(玉器)들까지, 버젓한 물건들은 대개 제짝이 있다. 한국이나 일본에도 짝짓기를 선호하는 전통이 존재하지만, 짝짓기에 대한 강박은 중국의 그것에 필적할 바가 아니다. 짝 없이 홀로 있는 것은 아직 덜 돼먹은 미완(未完)이거나, 아예 둘 중 하나가 부서지거나 망가진 비상(非常)의 것이라 여겨도 무방하다.

중국문화가 이처럼 짝짓기에 골몰하는 까닭은 상형자를 가진 중국어의 언어적 성질 때문이라고도 한다. 글자 하나하나가 의미를 가지고 있는 한문은 확실히 말하거나 듣는 언어라기보다는 보거나 쓰는 언어이고, 그것을 말할 때 일어나는 모호함은 '2음절어로 말하기'를 통해 극복되기 때문이다. 나아가 중국어 고유의 음악성은 2음절어를 기본 동기(motif)로 삼는 시적 운율로 발전했다. 그냥 '좋다[好]'라고 말해도 될 것을 굳이 '매우 좋다[很好]'라고 말하는 것은 그 때문이다. 그 언어미학은 아예 변려문(騈儷文)같이 지극히 형식적인 문체를 창조함으로써 정점에 이른다. 이처럼 '짝짓기'에 열중하는 문화적 성향은 궁극적으로 하나의 문화 도식으로 통합된다. 이 세상의 모든 만물(萬物)을 망라(網羅)하여 말할 수 있는 것, 그것은 바로 음양(陰陽)의 원리이다.

음(陰)과 양(陽)[4] : 드러나는 것과 감추어진 것

『역경 易經』을 기본으로 하는 음양의 원리는 송대(宋代, 960~1279)에 이르러서야 그 철학적 체계가 완성되었다. 그러나 음양의 원시적 관념은 중국 역사의 첫머리까지 거슬러 올라가는 유구한 연원을 가진다. 양(陽)이라는 글자는 원래 햇볕, 햇볕이 드는 곳, 빛을 받아 드러난 곳을 의미한다. 음(陰)은 그렇지 못한 면, 즉 그늘진 곳 혹은 해가 구름에 가려 어둑한 것을 의미한다. 이 글자들이 처음부터 세상 만물을 양분하여 아우르는 '두 가지 기운[二氣]'의 형이상학적인 개념을 의미한 것은 아니었다. 처음에는 단지 특정한 천체 현상을 가리키는 데 사용되는 글자일 따름이었지만, 천기(天氣)뿐 아니라 인사(人事)에도 적용되면서 점차 그 의미가 확대되었던 것이다. 그리고 제자백가(諸子百家)의 갖은 학설이 봄 산에 꽃 피듯 일어난 춘추전국(春秋戰國)에 이르러서는 마침내 모든 학설을 아우르는 기본 원리가 되었다.

제자백가의 모든 학설 가운데 최후의 승자가 된 것은 유가(儒家)였다. 그러나 전국 말에서 한(漢) 초기, 사상계의 실권을 쥐고 있었던 것은 오히려 음양가(陰陽家)였다.[5] 음양가가 있었기에 한 왕조는 유가의 학설을 통치이념으로 내세우고, 법가(法家)의 학설에 기반하여 정치체제를 개편하면서, 황로(黃老)의 학설로 심리적인 안정을 추구하는 천의무봉(天衣無縫)의 사상 통일을 이룩할 수 있었던 것이다. 지극히 인문적인 유가, 반(反)인문적 법가, 초(超)인문적 도가(道家)[6]의 '가까이하기에는 너무 먼' 사상적 간극을 극복할 수 있는 것은 모든 사물과 사건의 양면성을 인정하는 음양의 학설일 수밖에 없었다.

음양은 단지 사상계에만 적용되는 원리가 아니었다. 사상의 통일에 앞서서 영토 합병과 정치 통일의 기반이 구축되었다. 중원(中原)을 최초로 통일한 것은 진시황(秦始皇)의 나라였지만, 그 통일을 실질적으로 완성한 것은 '한(漢)'이었다. 사서

(史書)들은 끊임없는 정복 전쟁으로 통일의 위업을 달성한 진시황의 폭정을 굵은 글씨로 써 내려갔지만, 피비린내 나는 살육과 무력을 앞세우지 않고 천하를 얻은 왕조는 하나도 없었다. 한 또한 예외는 아니었다. 초왕(楚王) 항우(項羽)와 중원의 패권을 다투었던 고조(高祖) 유방(劉邦)은 언제나 "말 위에서 천하를 얻었다[馬上得天下]"고 자부하지 않았던가!7) 고조로부터 무제(武帝)에 이르기까지, 한의 초기 역사에서 통치자들이 가장 마음을 쏟았던 것은 바로 언제라도 무력적으로 독립을 선언할 수 있는 무리들을 제어하는 일이었다. 어느 왕조의 역사를 들여다보더라도 거의 예외 없는, 개국 공신들에 대한 무자비한 숙청은 바로 한조(漢朝)에서 그 전범을 찾을 수 있는 것이다.8) 대대적인 피의 숙청이 서서히 마무리되어 갈 즈음, 무제는 비로소 뒤범벅된 제가(諸家)의 학설 가운데서 가장 전아한 유학(儒學)을 정통으로 일으켜 세웠다. 단명(短命)한 진의 역사에서 한의 황제들이 배운 것은, 원하는 것을 있는 그대로 드러내서는 안 된다는 것, 제위를 오래도록 보전하기 위해서는 드러내어야 할 것과 그 뒤에 감추어야 할 것이 따로 있다는 깨달음이었다. 그래서 그들은 너무도 마땅한 음양의 이치에 따라서 문아한 유사(儒士)들을 양지바른 쪽으로 끌어내고, 피로 물든 무도한 역사와 그 주인공인 협사(俠士)들을 그늘 뒤에 감추었다. '유(儒)'가 문사(文士)를 대표한다면, '협(俠)'은 무사(武士)를 대표하는 이름이었다. 드러난 문사의 도[儒學]와 감추어진 무사의 도[武俠]는 이처럼 중국 역사를 움

직이는 두 가지 힘으로서 음양의 문화 도식을 형성한다.[9]

삼허칠실(三虛七實)의 문무쌍전(文武雙全)

성인(聖人) 공자(孔子)의 말씀이 수천 년 동안 그 나라를 실질적으로 통치해 왔고, 그래서 그 나라는 유교의 본령(本領)이며, 그들 나라의 모든 사람들은 유가적 인문주의를 '실천궁행(實踐躬行)'한다고 믿는 것은, 중국에 대한 가장 흔한 오해들 가운데 하나이다. 유가의 학설이 거의 종교적으로 신봉되고 있는 한국에서 그 오해는 더욱 심각하다. 한국 사람들은 대체로 중국 사람들의 사유방식이나 행동양식이 한국 사람의 그것과 별반 다르지 않을 것이라 이해한다. 그러나 중국어를 배우거나, 중국에 대한 어떤 것을 공부하거나, 또는 어떤 일을 목적으로 그 땅을 찾는 한국 사람들이 맞닥뜨리는 것은 '도대체 알 수 없음'의 당혹감이다. 이해가 깊을수록 오해도 깊다. 주자(朱子)께서 주를 달고 토를 다신 공자님 말씀을 신주단지 모시듯 살아온 한국 사람들에게 무한 실리를 추구하고 변통이 많은 그네들의 방식은 어쩐지 뜨악하다.[10]

문과 무의 절묘한 조화는 중국의 모든 제왕들에게 가장 이상적인 통치의 모델을 제시했다. "말 위에서 천하를 얻을 수는 있어도 천하를 다스릴 수는 없다"[11]는 말은 이와 같은 통치이념을 잘 나타낸다. 정권을 잡기 전까지는 무력의 행사도 불사하지만 정권을 잡은 후에는 문치(文治)를 편다. 이것은 위정자의 기본이었다. 그래서 군왕(君王)은 문무를 겸비해야 했고, '문무쌍전(文武雙全)'의 이상적인 인간형이 제시되었다. 그러나 문(文)이라는 글자는 원래 '꾸민다'는 뜻이다. 꾸민다는 것은 드러나는 것이고 겉치레이고 실질이 아니다. 겉치레란 실질을 돋보이기 위해 있는 것이다. 공자님께서도 "그림을 그리고 난 후에 흰 테두리로 돋보이게 한다[繪事後素]"[12]라고 말씀하시지 않았던가! 명분과 당위를 숭상하는 한국 사람들로서는 이율배반으로 느껴질지 몰라도 중국 통치자들에게 문치는 목적이 아니라 수단이었다. 어수선해진 민심은 문치로 안정시킬 수 있다. 그러나 실력을 행사하며 '맞짱'을 떠오는 정적(政敵)들을 상대하기 위해서는 말안장에서 완전히 내려올 수 없었다. 문무쌍전이 통치의 이상이라면, 삼허칠실(三虛七實)은 생존의 지혜였다.

간장(干將)의 수칼[雄劍]

짝이 있는 것은 도자기나 족자만이 아니다. 칼에도 짝이 있다. 전설 속의 명검(名劍)들도 짝을 이루어 등장한다. 그 중에서도 고대의 명장(明匠) 간장이 만들었다는 두 자루의 검은 신화와 전설, 민담 그리고 근대의 소설에 이르기까지 수많은 이야기의 주인공이 되었을 만큼 유명하다. 그중 오래전 번역된 이야기를 그대로 옮기자면 이렇다.

11

"듣거라" 어머니는 엄숙하게 말을 이었다. "너의 아버지는 검을 잘 벼르기로는 세상에서 으뜸이었다. 아버지가 쓰던 쟁기들은 가난을 구하느라고 죄다 팔아치웠기 때문에 넌 그 흔적들을 찾아볼 수 없다. 그러나 아버지는 검을 잘 벼르기로는 이 세상에서 으뜸이었다. 20년 전에 왕비가 무쇠덩이를 하나 낳았댔다. 듣는 말에 의하면 무쇠기둥을 한번 안았다가 놓은 후에 밴 것이라 하는데 그것은 시퍼렇고 투명한 쇠덩이였단다. 왕은 기이한 보물인줄 알고 그것으로 검을 만들어 나라를 지키고 원수를 무찌르고 자기를 지키려 하였다. 불행히도 아버지는 그 때 그 일에 뽑히게 되었단다. 그래 그 쇠덩이를 집으로 가지고 돌아왔더라. 아버지는 낮에 밤을 이어가며 옹근 3년 동안이나 심혈을 기울여 검 두 자루를 벼렸단다.

마지막으로 로의 문을 열던 날은 어떻게나 놀라왔던지! 흰 김이 솨하고 빠질 땐 땅도 움씰거리는 것 같더구나. 그 흰 김은 하늘로 떠오르더니 흰 구름이 되어 이곳을 자욱이 덮어버리더구나. 차차 진홍색으로 변하더니 모든 것이 복숭아꽃 색으로 물들더구나. 우리 집 컴컴한 로에는 시뻘건 검 두 자루가 놓여 있었다. 네 아버지가 정화수를 천천히 떨구더니 그 검은 찌륵찌륵 소리를 내다가 천천히 시퍼렇게 변하였다. 이렇게 밤낮 이레를 지내고 나니 검이 보이지 않더구나. 자세히 살펴보니 검은 제대로 로 밑에 있었는데 시퍼렇고 투명하여 얼음장처럼 보이더구나.

네 아버지의 눈에서는 크나큰 기쁨의 빛이 사방으로 비

처나왔다. 아버지는 검을 꺼내들고 닦고 또 닦았다. 그렇지만 아버지는 량미간을 찌프리고 입가에 비장한 빛을 띄우더구나. 아버지는 두 자루의 검을 두 개의 함에다 따로따로 넣고 나서 이렇게 조용히 말하더구나.

'여보, 요즘 형편을 보고선 누구나 검을 다 버렸다는 것을 알았을거요. 내일 나는 왕에게 검을 바치러 가야 하오. 그러나 검을 바치는 날이면 내 목숨이 끊어지는 날이요. 우린 이제부터 영 이별인 것 같소.'

'아니 여보……' 깜짝 놀란 나는 아버지의 말귀를 알았든지 못해 무어라고 말했으면 좋을지 몰라서 그저 '당신은 이번에 큰 공을 세우잖았어요……' 하고 말하였지.

그랬더니 아버지는 이렇게 말하더구나.

'아, 당신은 모르오! 왕은 의심이 많은데다 몹시 잔인하기까지 하오. 이번에 내가 세상에 둘도 없는 검을 벼려주었으니 그는 틀림없이 나를 죽일 거요. 그래야 내가 다시 다른 사람에게 검을 벼려주지 못하거든. 그렇게 되면 그를 대적할 사람도 그를 능가할 사람도 없게 된단 말이오.'

그 말에 내가 눈물을 흘리자 아버지는 이렇게 말하였다.

'여보, 서러워 마오. 이것은 피할 수 없는 일이요. 눈물은 결코 운명을 씻어버릴 수 없소. 난 벌써 준비해 두었댔소!'

아버지의 눈에서는 갑자기 번개불 같은 섬광이 번뜩이더구나. 그는 칼함을 내 무릎 우에 놓으며

'이건 수컴인데 잘 간수해 두오. 난 내일 이 암컴만 왕한테 바치겠소. 내가 만일 돌아오지 않으면 이 세상에 없는 줄

아오. 당신은 임신한 지 대여섯 달 되지 않소? 서러워 마오. 아이를 낳으면 잘 기르오. 그 애가 어른이 되면 이 수컴을 그 애한테 주오. 그 애보고 이 수컴으로 왕의 목을 베어 내 원쑤를 갚으라 하오' 하지 않겠니."[13]

오왕(吳王) 합려(闔閭)의 명으로 명검을 벼렀다는 대장장이 간장은 칼을 완성하고 나자, 자신의 죽음을 예감한다. 그래서 그는 왕에게 두 자루의 검을 모두 바치는 대신, 수칼은 만삭의 아내에게 주어 자신의 원수를 갚도록 하고 암칼만을 지니고 왕에게 나아간다. 왕에게 바쳐진 것은 암칼, 음양의 이치에 따르면 응당 감추어져야 할 것이었다. 그러나 그 그늘 속의 암칼은 햇볕에 드러났고, 내보여져 마땅한 수칼은 그의 아들이 자라나기까지 대장간 기둥의 돌쩌귀 아래 숨어 있어야만 했다. 마찬가지로, 꾸밈으로서의 문아함이 한낮의 대로를 활보하는 동안 중국 역사의 무도한 실질은 언제나 돌쩌귀 아래 깊은 곳에 감추어져 있었다. 그 칼의 주인이 의젓하게 자라 원수를 갚을 날이 올 때까지. 절정에 오른 용이 후회할 때까지[亢龍有悔]. 그리고 드디어 뒤바꿈의 때가 왔다. 음이 양이 되고, 양이 음이 되는 시간, 이 역(易)의 시간에 우리도 이제 숨겨져 있던 간장의 수칼, 무협을 찾으러 가자.

협(俠), 당신은 누구십니까?

간장과 막야의 뒷이야기를 마저 들어보자. 어머니의 가르침으로 아버지의 원수를 알게 된 소년은 감추어 두었던 수칼을 찾아서 원수를 갚기 위해 길을 나선다. 원수를 갚겠다는 염원이 너무 간절했기 때문일까? 왕은 꿈에서 자신을 찾아오는 원수를 보고 만다. 게다가 소년은 남의 눈에 잘 띄는 용모였다. 눈썹과 눈썹 사이가 남보다 두세 배쯤 멀어서 '미간척(眉間尺)'이라 불렸던 것이다. 미간척은 아버지의 유물로 복수를 하기는커녕 원수 곁에 가보지도 못한 채 지명수배자가 되었다. 쫓기는 신세가 되어 잘 알지도 못하는 산속으로 도망치게 되었을 때, 이름도 모르는 길손[客] 하나가 바라는 것도 없이 대신 원수를 갚아주겠노라며 그 앞에 나선다. 달리

뾰족한 수가 없었던 미간척은 그를 믿고 자신의 목과 아버지의 유물을 그에게 내어준다. 그리고 길손은 약속대로 자기 목숨을 걸고 오왕의 목을 베어 미간척과 그 아비의 원수를 대신 갚는다.[14]

사마천(司馬遷)은 『사기 史記』「유협열전 遊俠列傳」에서 "그 행동이 비록 정의(正義)에 들어맞지는 않으나, 그 말은 틀림없이 믿을 만하고 그 행동은 틀림없이 약속을 지키며, 한 번 허락한 일은 제 몸을 아끼지 않고 어려움을 무릅써 가면서 남을 도와 죽고 사는 것을 잊는다. 그러면서도 자기 재주를 자랑하지 않고 그 덕을 내세우는 것을 부끄럽게 여긴다"[15]라는 말로 유협(遊俠)을 평하였다. 알고 지낸 사이도 아닌데, 그 일을 한다고 해서 부귀영화가 보장되는 것도 아닌데, 스스로 나서서 억울한 사람의 원수를 갚아주겠다고 약속하고, 그 약속에 자신의 목숨을 걸어 반드시 이행하는 사람. 이것이 바로 역사가 기록하고 있는 전형적인 협의 이미지이다. 여기서 잠시 '협(俠)'이라는 글자를 살펴보도록 하자. 한자는 사물의 성질과 형상을 본떠 만든 상형자이기에, 그것을 꼼꼼히 들여다보는 것만으로도 적지 않은 정보를 얻을 수 있다. 협이라는 글자는 원래 '사람 인(人)'과 '겨드랑이에 낄 협(夾)'자가 더해진 글자이다. 그것은 그 모양만으로도 약한 사람을 끼고 도는 행위, 그런 사람을 의미하는 것이다. 그렇다면 이와 같은 협은 도대체 언제부터 중국 역사에 등장하였을까?

무도(武道)한 역사의 시작

어느 나라에 피로 얼룩진 정권 쟁탈의 기억이 없으랴마는, 중국의 역사에 그와 같은 살육이 공공연히 행해지던 한 시대가 있었다. 이름 하여 춘추전국, 전쟁이 곧 일상인 시절이었다. 먹고 먹히는 나라들 간의 치열한 생존경쟁 속에서 제후국의 군주들은 혈통에만 기대려는 귀족들 대신 재주 있는 서민들을 등용하기 시작했다. 목숨을 아끼지 않고 전쟁에서 공만 세우면, 세금이나 부역도 면제해 주고, 평생 먹고살기 불편하지 않을 재산도 마련해 주었다. 원한다면 과거에는 피를 바꾸지 않는 한 얻을 수 없었던 벼슬도 주었다. 이런 '아주 특별한 보통 사람'들은 '국사(國士)'라는 이름으로 불렸다. 죽지만 않는다면, 살아남을 수만 있다면, 일신(一身)의 재주 하나로 자신은 물론 자손과 가문까지 부귀영화가 보장되는 셈이었다. 해볼 만한 모험이 아닌가! 그러나 세상일이 어찌 그리 뜻대로만 되겠는가? 거듭되는 전쟁의 와중에서 수많은 약소국들이 소멸되고 강대한 제후국에 합병되었다. 힘없는 나라의 국사들은 이제 갈 곳을 잃고 떠도는 신세가 되었다. 돌아갈 곳도 없었다. 붙잡는 사람도 없었다. 남다른 능력을 지닌 그들의 앞길을 막아설 절대 권위도 존재하지 않았다. 누구보다도 뛰어난 학식과 무예를 한 몸에 지닌 채, 자기 자신에 대한 최고의 자부심을 가지고, 그들은 천하를 떠돌았다. 언젠가는 누군가 그런 재능을 발견해 주기를, 그래서 세상이 '자기를 알아줄[知己]' 날이 있기를 바라면서. 나라를 잃고 떠돌았기에 이런 사람들은 유사(游士)라 불렸고, 돌아갈 곳도 붙잡는 사람도 없기에, 매인 몸이 아닌 그들은 곧잘 남의 어려움을 해결해 주는 일[任俠]16)을 자청했다. 남의 어려움을 전문적으로 해결해 주는 사람, 드디어 협이 중국 역사에 출현한 것이다.

혼히 '춘추전국'이라는 하나의 이름으로 일컬어지지만, 사회사적으로 춘추와 전국은 그 성질이 매우 다른 두 시기이다. 흉노에게 쫓겨서 체면이 구겨지기는 했어도, 춘추시대에는 주 왕실의 위엄이 아직은 통하고 있었다. 엄격한 종법(宗法)에 기반한 사회제도는 하루아침에 무너지지 않았다. 그러나 전국에 이르자 사태는 돌변했다. 춘추 5패(覇)17) 가운데 하나였던 진(晉)이 가신들에 의해 한(韓)·위(魏)·조(趙)의 3국으로 분열된 것을 기점으로 각국은 그나마 흉내라도 내던 염치마저 팔아 치우고 칼부림을 시작했다. 제후들은 저마다 천하의 주인이 되고자 호시탐탐 기회를 노렸고, 힘없는 제후들 대신 실권을 쥐고 있던 가신들이 나라의 새 주인이 되었다. 아무도 더 이상 실리를 위해 신의와 명예를 저버리는 일을 부끄러워하지 않았다. 힘이 없으면 옳은 것도 옳지 않고 힘이 있으면 옳지 않은 것도 옳을 수 있는, 명실상부한 약육강식의 시대가 열린 것이다. 그리고 이 역사적인 순간을 장식하는 드라마틱한 하나의 사건이 있었다. 사건의 주인공 가운데 한 사람은 패국 진나라를 '나눠 먹기'한 가신 조양자(趙襄子)이고, 다른 한 사람은 아마도 최초의 협이라 불릴 만한 인물, 예양(豫讓)이다.

예양이라는 이는 진나라 사람이다. 일찍이 범씨(范氏)와 중행씨(中行氏)를 모셨지만 이름을 알아주는 바가 없었기에 그들을 떠나 지백(智伯)을 섬겼다. 지백은 그를 매우 존중하고 아꼈다. 지백이 조양자를 치려 하자 조양자는 한씨·위씨와 함께 지백을 없애기로 하고 지백을 없앤 뒤에는 그 땅을 셋으로 나누었다. 조양자는 지백을 가장 미워했으므로 그 머리뼈에 옻칠을 하고 요강으로 삼았다.

예양은 산속으로 도망쳐 스스로 이렇게 다짐했다. "아아! 선비는 자기를 알아주는 이를 위해 죽고, 계집은 자기를 기쁘게 하는 사람을 위해 꾸민다. 지금 지백이 나를 알아주었으니, 나는 반드시 원수를 갚고 죽어서 지백에게 고해야 한다. 그래야 내 얼과 넋이 부끄럽지 않으리라!" 이름과 성을 바꾼 예양은 형벌을 받는 죄수의 무리로 꾸며 궁궐에 들어갔다. 변소에 칠을 하면서 비수를 가슴에 품고 그것으로 조양자를 찌르고자 한 것이다. 조양자가 변소에 가다가 어쩐지 마음이 불안하여 변소에 칠을 하는 죄인을 잡아 물으니 곧 예양이었다. 품안에 무기를 지니고 있으면서 "지백을 위해 원수를 갚으려 했소!"라고 말하니 주위 사람들이 모두 그를 죽이고자 했다. 조양자는 "그는 의로운 사람이다. 내가 삼가 피하면 그만이다. 지백이 망하여 후손조차 없는데 그 신하가 원수를 갚고자 하다니, 이는 천하의 어진 사람이다"라고 하면서 마침내 그를 풀어주었다.

얼마 후 예양은 또 몸에 옻칠을 하여 문둥병자처럼 만들고 숯을 삼켜 벙어리가 되었다. 모습을 알아볼 수 없게 만들고 저자에서 구걸을 하니 그 아내도 알아보지 못했다.[18] 벗을 만나러 갔더니 벗이 그를 알아보고 "그대는 예양이 아닌가?"라고 했다. 예양이 "날세"라고 하니 벗은 눈물을 흘리며 말하기를, "그대의 재주로 예물을 바쳐 양자의 신하가 되어 모시면, 양자는 틀림없이 그대를 아낄 것이네. 가까이서 귀염 받는 사람이 되어 원하는 바를 행하면 오히려 쉬울 것이 아닌가? 어찌 병신이 되어 스스로를 고달프게 하면서 양자에게 원수를 갚고자 하나? (이렇게 하면 그 일이) 어찌 어렵지 않겠나!"라고 했다. 그러나 예양은 "예물을 바치고 남을 모시는 신하가 되어서 그를 죽이려 한다면 이는 두 마음을 품고 그 주군을 모시는 것일세. 내가 하려는 일은 지극히 어렵겠지! 그러나 이렇게 하는 까닭은 나중에라도 세상 사람들이 남의 신하로서 두 마음을 품고 그 주군을 섬기는 것을 부끄럽게 여기도록 하려는 것이네!"라고 말했다.

그 후 얼마 지나서 양자가 외출을 했을 때, 지나가게 될 다리 밑에 예양이 숨어 있었다. 양자가 다리에 이르자 말이 놀라 날뛰었다. 양자가 "이는 틀림없이 예양일 것이다"라면서 사람을 시켜 그를 심문하니 역시 예양이었다. 그래서 양자가 예양에게 일러 말했다. "그대는 일찍이 범씨와 중행씨를 섬기지 않았는가? 지백이 그들을 모두 없애버렸는데도 그대는 그들을 위해 원수를 갚지 않았으며 도리어 지백에게 예물을 바치고 그를 모셨다. 지백이 또한 이미 죽었는데, 그대는 어찌 그를 위해서만 이토록 심하게 원수를 갚으려 하는가?" 그 말에 예양은 이렇게 답했다. "범씨와 중행씨를 신하로서 모셨지만, 범씨와 중행씨는 모두 뭇 사람을 대하듯 나를 대했으므로 나도 뭇 사람과 마찬가지로 그들에게 갚았소. 지백은 나를 국사로 예우하였기에 나도 국사로서 그에게 보답하는 것이오." 양자는 한숨을 내쉬고 눈물을 흘리면서 "아아! 예양이여! 그대가 지백을 위하는 것으로 이미 이름이 알려졌다! 내가 그대를 용서하는 것도 이미 충분했고! 그대는 스스로를 위해 방법을 구하라! 내가 다시 그대를 놓아줄 수 없으니!"라며 병사를 풀어 그를 포위했다.

예양이 말했다. "신이 듣건대, 현명한 군주는 남의 아름다움을 가리지 않으며, 충신은 죽어도 이름을 지키는 의로움이 있다고 합니다. 전에 주군께서 이미 너그러이 신을 용서하셨으니 세상에 주군의 어짊을 칭송하지 않는 이가 없었습니다. 오늘 일로 신은 틀림없이 죽게 될 것이지만, 주군의 옷이라도 벨 수 있다면 이로써 원수를 갚는 뜻을 다하여 죽어도 여한이 없겠습니다. 차마 바랄 것은 아니지만, 마음속에 품은 바를 감히 아룁니다!"

이에 양자는 그를 크게 의롭게 여겨 사람을 시켜 입었던 옷을 예양에게 주도록 했다. 예양이 칼을 뽑아 세 번 뛰어올라 그것을 베고 말하기를, "나는 이제 지백에게 가서 (원수를 갚았다고) 말할 수 있다"고 하며 드디어 칼에 엎어져 스스로 죽었다. 그가 죽은 날, 조나라의 뜻있는 선비들이 그것을 듣고 모두 흐느껴 울었다.[19]

춘추와 전국의 교체기에 등장한 협의 존재가 이전의 국사나 유사들과 구별되는 가장 큰 특징은 바로 '유별난 자존감'이었다. 워낙이 한 몸에 지닌 재능을 갈고 닦는 것은 (그것을) 제왕에게 팔아서 부귀영화를 얻기 위함이었다. 그러나 어려운 세상, 재주가 있다고 미래가 보장되는 것도 아니고, 그렇게 얻은 부귀영화가 영영 가는 것도 아니었다. 몸을 의탁한 제왕은 물론 자기 자신조차 어느 날 어느 칼에 스러질지 알 수 없는 일이었다. 부질없는 세태 속에서 자신의 능력과 존재를 확신했던 이들은 믿을 수 없는 세상 대신 자신을 믿고, 세상의 원칙 대신 스스로의 원칙을 지켰다. 이제 그들에게 보다 중요한 것은 물질적인 대가가 아니라 그 '유별난 자존'에 대한 긍정이었다.

다시 예양의 이야기로 돌아가 보자. 예양은 여러 가지 의미에서 문제적 인간이다. 우선 그가 살았던 시대가 마침 춘추와 전국의 아슬아슬한 교체기였다는 점이 그렇고, 하필이면 그가 살았던 그 땅이 춘추와 전국을 갈라놓는 획기적 사건이 벌어졌던 그 땅이었다는 점이 그렇다. 예양은 지백을 섬기기 전에 범씨와 중행씨를 차례로 섬겼다. 이들은 지백과 더불어 진의 6경(卿) 가운데 하나였다. 지백은 범씨와 중행씨를 차례로 멸했고, 결국 한씨·위씨와 손잡은 조양자에게 망했다. 진의 6경이 세력 다툼을 벌이는 아수라장, 예양은 춘추와 전국이 양분되는 그 역사의 한가운데에 있었던 것이다. 앞서 말했듯이 전국은 신의와 명예를 버리고 실리를 추구하는 것을 부끄러워하지 않는 시대였다. 주인을 바꿔 모셔도 손가락질 받지 않는 그런 시대였다. 그러나 예양은 그와 같은 세상의 흐름을 거슬러 스스로의 원칙을 세우고 그것을 실행했다.

아내도 알아보지 못할 정도로 몸을 해치고 목소리를 바꾸어 나타난 그 앞에서, 벗은 흐느껴 울면서 이렇게 묻는다. 너의 재주로 조양자를 모시는 척하면, 당연히 신임을 얻을 것이고, 신임을 얻어 기회를 노린다면 원하는 대로 복수를 하기도 쉬울 터인데, 굳이 자신의 몸을 해치며 어려운 길을 가는 이유가 뭐냐고. 자신을 위해 울어주는 벗에게 예양은 이렇게 말한다. "내가 하는 일이 이루기 힘든 것은 나도 안다, 그러나 굳이 이렇게 하는 까닭은 두 마음으로 한 사람을 섬기는 사람이 이 일을 듣고 부끄럽게 여기도록 하려는 것이다"라고. 지백을 섬기는 그 마음을 숨기고 조양자를 속여 원수를 갚는다 치자, 그렇게 원수를 갚은들 남는 것이 무엇인가? 지백을 대신하여 조양자를 죽이려 한 것은 죽어서 그를 알아준 이 앞에 부끄럽지 않으려 함이다. 조양자를 죽여도 지백은 살아 돌아오지 않고, 예양을 알아주는 사람도 다시는 없다. 그런데 그를 위해 조양자를 섬긴다면? 그것은 지백을 배반하는 것이고, 조양자를 섬기면서 그를 죽인다면 또한 조양자를 배반하는 것이 된다. 스스로 비난한 그 일을 행하라고? 몸이 힘들지언정 마음이 고될지언정, 예양이라는 이름, '나'라는 사람에게 부끄러운 일은 할 수 없는 것이다. 그와 같은 예양의 결심은 이미 기정사실이 된 전국의 세태, 두 마음으로 한 사람 섬기기를 부끄러워하지 않는 시대에 대한 반발이기도 했다.

죽을 목숨을 풀어줬더니 고마운 줄도 모르고 다시금 벼린 칼날을 들이대는 예양에게 조양자는 이렇게 묻는다. "네가 범씨와 중행씨를 섬겼고, 지백은 그들을 망하게 했는데, 그 때는 가만 있더니 지백을 죽인 나한테만 왜 이리 심한가" 하고. 조양자의 질문은 두 마음으로 한 사람 섬기기를 비난하는 그 신념에 대한 반박이자, 너 역시 여러 주인을 모시지 않았냐는 힐난이었을 것이다. 그러나 예양은 하늘을 우러러 한 점 부끄러움도 없이 이렇게 말한다. 범씨와 중행씨는 나를 알아주지 않았고[無所知名], 지백은 나를 알아주었기[知己] 때문이라고. 그가 나를 대했듯 나도 그를 대해 부끄럽지 않으려는 것이라고. 선비는 자기를 알아주는 이를 위해 죽는다[士, 爲知己者死]지 않던가! 절대로 자신의 뜻을 굽히지 않는 예양 앞에서 조양자는 마침내 한숨을 쉬며 이렇게 말한다. "네 뜻은 잘 알겠다, 하지만 나도 더는 너를 놓아줄 수가 없구나……." 흥미로운 것은 그 뒤에 돌변하는 예양의 태도이다. 조금 전까지만 해도 복수의 칼을 겨누었던 조양자를 향해 예양은 스스로 '신(臣)'이라 칭하며 이렇게 간청한다. "주군께서 이미 너그러이 신을 용서하셨으니 그 옷을 베어서, 죽어도 여한이 없게 해주십시오! 차마 바랄 것은 아니지만, 마음속에 품은 바를 감히 아룁니다!" 차마 바랄 것이 아니지만 감히 아뢴다는 말 속에는 자신을 알아봐 준 사람에 대한 믿음과 그에 대한 친밀감이 어지간히 느껴진다. 목숨을 살려주었을 때도 굴하지 않았던 그가 '네 뜻은 알겠다'는 말 한마디에 조양자에게 마음을 굽힌 것이다. 이는 그가 예양의 '유별난 자존'을 알아주었기 때문이다.

이처럼 협은 개인의 능력에 의지하여 보다 나은 사회적 지위를 획득할 수 있는 특수한 무사[國士] 신분에서 분화되었다. 춘추와 전국의 틈바구니에서, 능력에 대한 대가를 지불할 후원자를 잃은 동시에, 그것을 지배하거나 이용할 권위와 권력으로부터도 자유로워진 그들은 점차 독립적인 자존을 깨닫기 시작했고, '유별난 자존감'을 지닌 특수한 사회계층으로 자리매김했다. 어떤 대가를 위해서나 누군가의 명령에 따르기 위해서가 아니라, 하나의 인격체로서 그 능력과 존재를 알아주는 사람에게 스스로 보답한다는 전형적인 협의 행동규범이 확립된 것이다. 그들은 물질적 기반을 포기하는 대신 정신적인 자유와 자아의 진정성을 추구하기 시작했고, 그들의 가치 기준은 일반 사회의 규범에 부합하기보다 스스로의 존재 증명에 더욱 합당한 것이었다. 『사기』 「자객열전 刺客列傳」은 그와 같은 협의 모범을 예양이라는 인물을 통해 형상화한다.

역사에 길이 남다 : 「자객열전」과 「유협열전」

스스로 옳다고 믿는 일을 주장하다가 억울한 형벌을 받아야 했던 자신의 이력 때문인지, 언제나 승자의 역사가 외면한 숨겨진 영웅들의 이야기에 주목했던 사마천은 누구보다 먼저 협의 존재를 긍정했다.[20] '유협(遊俠)'이라는 이름은 사마천 당시의 사건을 기록한 「유협열전」에서 최초로 명시되지만, 동일 유형의 인물들에 대한 그의 관심은 보다 고대의 사실(史實)까지 거슬러 올라간다. 「자객열전」에는 앞서 거론한 예양 외에도 조말(曹沫)·전제(專諸)·섭정(聶政)·형가(荊軻) 등 다섯 사람의 이야기가 실려 있다.

조말은 노(魯)나라 사람으로서 춘추 5패의 한 사람인 장공(莊公)에게 총애를 받은 장수였다. 제(齊)나라와의 전쟁에서 세 번이나 졌는데도, 장공은 그를 장군의 직책에 그대로 두었다. 이에 조말은 장공이 제나라와 화친을 맺는 자리에서 환공(桓公)을 위협하여 빼앗겼던 땅을 다시 돌려받았다. 전제는 오왕(吳王) 합려(闔閭)가 왕위에 오르는 데 큰 공을 세운 사람이다. 합려는 원래 오왕 제번(諸樊)의 맏아들이다. 제번은 막내동생 계찰(季札)을 왕의 재목이라 여기고 형제상속을 했는데, 계찰이 왕위를 피해 망명을 하였기에 조카인 요(僚)가 왕위에 올랐다. 따라서 스스로를 진정한 정통이라 여기고 있던 합려는 언젠가 왕위를 되찾겠다는 야심을 품었던 것이다. 그는 뜻을 이루기 위해 은밀히 세력을 키웠는데, 전제를 만나고 나서는 제 몸과 같이 여기며 예우했다. 전제는 자신의 목숨과 맞바꾸어 오왕 요를 살해했고, 왕위에 오른 합려는 전제의 공을 잊지 않고 그 아들을 상경(上卿)으로 삼았다. 조말과 전제의 일을 살펴보면, 각국의 위정자들이 정치적 목적을 위해 신분을 가리지 않고 인재를 등용하던 춘추시대의 세태를 잘 알 수 있다. 사마천은 이들에게 '협'이라는 명칭을 부여하지 않았지만, 그의 기록은 협의 존재가 어떻게 역사 속에서 모습을 드러냈는지 확인시켜 준다.

예양의 행위는 누구의 청탁을 받은 것도 아니며, 그 대가가 약속되지도 않은 일이었다는 점에서 앞서의 두 경우와 구별된다. 지백이 죽은 뒤, 예양은 스스로 복수를 다짐하고 정한 바의 원칙에 따라 자기 방식을 끝까지 고수하면서 그 일을 해낸다. 여기서 중시되는 것은 일의 결과가 아니라 행위의 과정 혹은 그것을 행하는 '나'의 자존이다. 같은 사례가 섭정의 이야기에도 보인다. 섭정은 원래 지(軹) 땅 사람인데, 사람을 죽이고 원수를 피해 제나라에 숨어 살았다. 엄중자(嚴仲子)는 한나라 재상 협루(俠累)와 사이가 나빠지자 죽게 될 것이 두려워 도망쳤다. 망명생활을 하며 원수를 갚아줄 사람을 찾아 떠돌던 엄중자는 제나라에 이르러 섭정을 알게 된다. 당시 섭정은 개 잡는 일을 하며 살았는데, 엄중자는 신분을 개의치 않고 찾아가 사귀기를 청하고 그 어머니의 장수를 빌며 큰 재물을 선사하는 등 섭정을 후대했다. 섭정은 깜짝 놀라서 그의 선물을 돌려보내고 아무리 권해도 받지 않았다. 엄중자에게 원수가 있다는 것을 알았고, 늙은 어머니를 모시는 자신은 그것을 대신 갚아줄 입장이 못 되었기 때문이다. 그러나 엄중자는 섭정이 솔직하게 거절의 뜻을 전한 후에도 끝까지 처음과 같은 예로써 그를 대했다. 모친의 상을 치르자, 섭정은 엄중자가 "자신을 깊이 알아준" 은혜를 기억하여 혈혈단신 한나라로 떠나 재상 협루를 죽인다. 인상적인 것은 그의 다음 행동이다. 섭정은 "스스로 얼굴 껍질을 벗기고 눈알을 파낸 뒤 창자를 긁어내고서 스스로 죽었다." 죽은 뒤에도 자신을 아는 사람이 해를 입지 않도록 신원을 감춘 것이다. 어떤 대가를 바라지 않고 모든 일을 혼자서 책임진다는 유별난 자존의 의지를 분명히 알려주는 대목이다.

다섯 개의 에피소드 가운데 가장 길이가 길고 구성이 복잡한 마지막 이야기의 주인공은 형가이다. 위(衛)나라에서 태어난 형가는 글 읽는 것과 칼 쓰는 것을 좋아하였고[好讀書擊劍] 여러 나라를 떠돌며 현인(賢人)·호걸(豪傑)·장자(長者)들과 사귀었는데, 연(燕)나라 처사(處士)인 전광(田光) 또한 그가 보통 사람이 아님을 알아보고 후대했다. 연나라 태자 단(丹)은 진왕[秦始皇]이 한때 동병상련의 처지였던 자신을 괄시한 데 원한을 품고 있었다. 진의 세력이 점차 커져 연나라를 압박하였기에 중신들은 경거망동을 경계했지만, 태자는 망명한 장군 번어기(樊於期)를 숨겨주는 등 진을 거스르는 행동을 서슴지 않았다. 신하들이 그 뜻을 막지 못하고 전광을 소개하자, 전광은 노쇠한 자기 대신 형가를 추천했다. 형가는 전광의 부탁을 받아들여 치밀한 암살 계획을 세우고 때를 노렸으나, 조급해진 태자는 만전을 기하려는 그를 부추겨 진나라로 떠나게 한다. 번어기의 목과 독항(督亢)의 지도를 가지고 화친을 청하는 척 진왕을 만난 형가는 지도 속에 감추었던 비수를 휘둘러 진왕을 위협한다. 그러나 아슬아슬하게 칼을 피한 왕은 죽을 고비를 넘기고, 형가는 뜻을 이루지 못한 채 죽임을 당하고 만다. 진나라 병사의 손에 죽어가면서, 형가는 실패의 원인을 다음과 같이 스스로 밝힌다. "일이 이루어지지 못한 것은 왕을 산 채로 잡아서 반드시 (땅을 돌려준다는) 약속을 받아 태자에게 보답하려 했기 때문이다." 원래 태자 단이 원한 것은 진왕의 암살이었고, 사사로운 원한에서 비롯한 일이었다. 그러나 형가는 진왕의 목숨이 아니라 빼앗은 땅을 제후국에 돌려준다는 약속을 원했다. 비록 뜻을 이루지는 못했지만, 그는 사사로운 원한 때문에 그 일을 한 것이 아님을, 천하의 평화를 위해 한 일임을 죽음에 앞서 분명히 한 것이다.

사마천은 『사기』「자객열전」의 말미에서 "조말로부터 형가에 이르기까지 다섯 사람은 그 뜻을 이루기도 하고, 또 이루지 못하기도 했지만, 그 뜻을 세움이 빛을 비추듯 분명하니 이를 속이지 않고 이름을 후대에 드리우도록 해야 한다. 어찌 헛되이 하랴!"라고 적었다. 일의 성패에 관계없이 뜻을 세워 끝까지 지킨 것을 헛되이 할 수 없다는 것이 그가 역사에 이 일들을 남긴 이유였다. 그런데 기록된 사건들 가운데 성공하지 못한 예는 단 한 가지뿐이다. 조말은 잃었던 땅을 되찾았고, 전제의 희생으로 부차는 왕위에 올랐다. 예양은 조양자를 죽이지는 못했으나 그 옷을 베어 자기의 뜻을 세상에 알렸다. 섭정 또한 엄중자를 대신해 협루를 죽였다. 그렇다면 뜻을 세우고도 성사시키지 못한 사람은 누구인가? 형가이다. 「자객열전」 중에서 형가의 전기는 유일하게 실패한 사건을 적고 있다.

사마천에 의해 동일시되는 인물들의 기록 속에서 형가는 다소 다른 양상을 보이는 인물이다. 특히 두 가지 면에서 그렇다. 하나는 그가 문무를 두루 섭렵했다는 점이고, 다른 하나는 그가 홀로 행동하지 않고 무리를 지었다는 점이다.

조말·전제·예양·섭정이 모두 자신을 알아주는 사람을 위해 사사로이 목숨을 걸었던 반면, 형가는 일을 하기에 앞서 공적인 명분을 강조한다. 조말 등이 한 번 뜻을 세운 뒤에는 어떤 상황에서도 관철시켰던 반면, 형가는 타협도 마다하지 않는다. 전광이 형가를 추천했을 때, 태자는 그를 불러오되 자신이 한 말을 누설치 말라고 경계했다. 전광은 형가에게 태자의 말을 전한 뒤, 협의 신분으로 의심을 받을 수는 없다며 자결한다. 전광은 형가의 지기였다. 지기가 의심을 받고 죽었다. 지기의 원수는 곧 자신의 원수가 아닌가? 같은 하늘을 이고 살 수도 없는 마당에! 그러나 형가는 전광이 앞서 부탁한 말을 지켜 태자를 찾아갔다. 사적인 원한보다 공적인 명분을 중시했기 때문이다. 또한 "나라의 큰일입니다. 신은 어리석고 둔하여 일을 맡기에 부족합니다"라며 거듭 거절하던 그는, 암살이 잃어버린 땅을 찾는 나라의 큰일[國家大事]임을 강조하는 태자의 열의에 지고 만다. 때가 무르익기를 기다리다가 채근을 받았을 때에도 결국 뜻을 굽혀 진나라로 떠난다. 이것은 예양이나 섭정과 크게 다른 점이다. 예양은 친구가 눈물로 만류하는데도 오히려 그를 설득했고, 섭정은 엄중자가 아무리 부탁을 해도 들어주지 않았다. 그들의 결심에는 타협의 여지가 없었던 것이다. 원래 무사의 도는 힘을 겨루는 것이고, 힘을 겨루는 데는 타협의 여지가 없다. 오직 승부만이 있을 뿐이다. 강하면 이기고 약하면 진다는 것은 백번을 고쳐 말해도 변함없는 만고의 진리이다. 그러나 문사의 도는 다르다. 무사의 도가 깨뜨리고 정복하는 데 있다면, 문사의 도는 다스리고 유지하는 데 있다. 다스리고 유지하는 데에 타협은 불가결한 요소이다. 사적인 의리보다 공적인 정의를 앞세우고, 불필요한 승부를 피해 타협을 선택한 것은 형가가 문과 무를 한 몸에 지닌 인물이었기에 가능한 일이었다.

예양이나 섭정이 누구에게 말하지도, 누구의 말을 듣지도 않고 혼자서 일을 결정하고 실행한 데 반해 형가는 함께 도모할 사람을 먼저 찾았다. 태자 단이 세상에서 가장 날카로운 비수를 장만해 주고 장사 진무양(秦舞陽)을 부장으로 삼아 주었건만, 형가는 출발을 미루면서까지 함께 거사를 행할 사람을 기다렸다. 사마천의 기록에는 드러나 있지 않지만, 기다린 사람은 아마 여러 나라를 돌며 사귀었던 현인·장자·호걸 가운데 하나였을 것이다. 연나라에서도 그는 전광과 사귀었고, 늘 개백정이나 고점리(高漸離) 같은 예인(藝人)들과 더불어 온 저자가 떠나가도록 질펀하게 놀아났다. 예양이 모습을 바꾸어 아내나 친구조차 못 알아보도록 만들었던 것이나 섭정이 극단적인 방법을 써 가면서 자기 신분을 속이고 친인(親人)과의 관계를 끊으려 했던 것에 비해, 형가는 어딜 가나 새로운 사람들과 관계를 맺고 사귐을 돈독히 했던 것을 알 수 있다. 춘추에서 전국으로 이어지는 대변동의 시기에 두각을 나타낸 협은 세상의 흐름에 거스르는 유별난 자존감을 본색(本色)으로 삼았다. 그들은 세상을 믿기보다 자신을 믿었고, 세상의 원칙을 지키기보다 자신의 원칙을 지켰다. "내가 한 일은 내가 책임진다[一人作事一人當]"는 호언장담은 그런 유별난 자존감에서 비롯된 것이었다. 그러기에 그들에게는 그것을 알아주는 '지기'라는 존재가 그토록 중요했다. 그러나 세상이 변해 감에 따라 사람도 변한다. 사람은 혼자서는 살 수 없는 존재인 것이다. 형가의 시절은 전국 말기, 체면도 아랑곳없이 이빨을 드러내며 으르렁대던 노골적인 약육강식의 시대가 저물어가던 때였다. 난국(亂國)은 그런대로 수습되고 있었다. 어질러진 세상이 수습됨에 따라 제법 매무새를 차릴 필요도 있었다. 엇비슷한 놈들끼리 맞장을 뜨면 피만 보는 법, 기왕이면 힘이 될 사람끼리 뭉치는 게 좋았다. "한 사람의 생각은 짧아도 두 사람의 생각은 길다[一人計短, 二人計長]"고 했다.21) 제아무리 유별난 자존감을 가지고 있어도 살아남아야 빛을 볼 것 아닌가!

그런데 형가는 왜 실패했는가? 문무쌍전의 재주에 동아리까지 만났으니, 그만하면 변해 가는 세태에 적응도 잘한 편인데. 형가의 비극은 그가 끌어안고 있던 이질적인 요소들이 서로 조화를 이루지 못하고 균열을 일으킨 데 있다. 문무쌍전은 누구나 바라는 이상이지만, 문과 무의 원리는 원래 얼음과 숯처럼 서로 용납할 수 없는[氷炭不相容] 것이다. 이상은 두 가지를 모두 온전히 하는 것[雙全]이지만, 현실은 달아나는 두 마리 토끼를 잡는 격이기 일쑤였다. 형가의 소식이 전해지자, 이전에 그와 다툰 적이 있던 노구천(盧句踐)은 "아아, 아깝구나! 그가 칼로 찌르는 기술을 중시하지 않은 것이. 내가 사람을 참으로 잘못 알았구나! 이전에 내가 그를 꾸짖었을 때, 그는 나를 사람으로 여기지 않았던 것이다"라는 말로 그 일을 탄식했다. 두 사람이 장기를 두다가 싸움이 붙자, 형가는 대꾸조차 없이 떠나갔던 것이다. 사사로운 일에서 끝까지 다투지 않고 승부를 피하는 것은 무사의 원칙이 아니라 문사의 도리이다. (무사의 입장에서 그런 태도는 '비겁'이라는 혹평을 면하기 어렵다.) 노구천은 사람을 알아보지 못한 자신의 허물을 자책하는 동시에 형가가 검술을 중시하지 않았음을 은근히 원망했다. 칼 한 자루에 의지하여 적국의 왕을 암살하려던 사람이 설마 정말로 검술에 소홀하기야 했겠는가! 그러나 노구천은 그가 자객의 기본인 검술에 소홀했다고 말한다. 그것은 형가가 문사의 도리를 내세워 무사의 원칙을 관철하지 못했음을 의미하는 것이다. 타협은 문사의 도이다. 넘치지도 모자라지도 않게 하는 문사의 도리를 중국에서는 '중용(中庸)'이라고 부른다. 중용은 대립되는 가치를 아우르는 것을 미덕으로 삼기에, 문과 무가 만나서 하나로 어울리면 문사의 도가 벼리[綱]가 된다. 결국 순수한 무사의 입장에서 형가라는 인물은 애매모호하며, 심하게 말하자면 이율배반적으로 보이는 것이다. 그는 뜻이 맞지 않을 때는 언제라도 곧장 떠나는가 하면, 일의 조건과 시기가 무르익기를 기다려 참을 줄도 아는 인물이었다. 시정잡배와 어울리며 안하무인으로 구는가 하면 사람됨이 침착하고 신중하여 현인·장자들과 두루 사귀기도 했다. 사적인 관계를 중시하는가 하면 공적인 명분을 내세웠다. 매사에 치밀하게 준비하고 일의 결과를 신중하게 따지는 사람이라고도 할 수 있겠지만, 우유부단하고 제 실력을 잘 알지 못했다고도 할 수 있다. 요컨대 그는 문과 무의 대립된 가치 속에서 분열을 일으키는 자아를 감당할 수 없었던 것이다. 문무쌍전의 이상은 삼허칠실의 운용미학을 얻어야만 가능한 것이거늘.

문무쌍전의 이상을 가진 유협들 가운데에도 삼허칠실의 지혜를 빌어 살아남은 이들이 있었다. 그들은 진나라의 폭정 속에서도 살아남았고, 항우와 유방의 혈전 속에서도 목숨을 부지했다. 이처럼 살아남은 형가의 후예들 또한 역사에 길이 남았다. 「유협열전」의 주인공이 바로 그들이다. 사마천은 "지금 민간의 협은 (오직 자신의) 행실과 명예를 갈고 닦음으로써 그 이름이 세상에 널리 알려져 어질다고 칭송하지 않는 이가 없으니 참으로 쉬운 일이 아니다. 그런데 유가·묵가가 이를 배척하여 기록하지 않았으므로 진 이전부터 민간에서 협의 흔적은 아스라이 사라져 보이지 않게 되었다. 나는 그것을 매우 한스럽게 생각한다. 내가 듣기에, 한나라가 일어난 뒤 주가(朱家)·전중(田仲)·왕공(王公)·극맹(劇孟)·곽해(郭解)의 무리가 있었는데, 비록 때때로 법과 기강을 흔들어 놓기는 하였으나 그 사사로운 의리와 청렴함, 양보하는 미덕은 칭송할 만한 것이었다. 이름은 헛되이 나는 것이 아니고 선비는 까닭 없이 서로 어울리지 않는다. 무리를 지어 힘센 자를 중심으로 모여 끼리끼리 어울리면서 재물을 모으고 가난한 사람들을 마음대로 부리거나, 위세를 떨며 외롭고 약한 이들을 괴롭히면서 마음대로 제 좋은 짓을 하는 것은 유협 또한 수치로 여긴다. 나는 세상 사람들이 그 뜻을 잘 살피지 않고, 주가·곽해 등을 두려워하며, 행패를 부리는 건달패와 그들을 같이 여겨 비웃는 것을 슬퍼한다"는 말로 그 역사의 의의를 밝혔다.

한대의 유협 가운데 비교적 자세히 기록된 것은 주가와 곽해, 두 사람의 일이다. 주가는 노나라 사람으로 한 고조 유방과 같은 때에 살았다. 노나라는 공자를 비롯하여 문사들을 많이 배출한 땅이라 유학을 배우는 사람이 많았는데, 오직 주가만이 협의 기풍이 있었다 한다. 그 기풍이란 주로 어려운 사람을 도와 목숨을 구하는 것이었다. 식탁에 두 가지 반찬도 올리지 못할 정도로 넉넉지 못한 살림이었지만, 주가는 아무리 힘들어도 남의 어려움을 못 본 척하지 않았다. 도움을 줄 때는 가난하거나 신분이 낮은 사람부터 손을 쓰고, 일을 돌보아 준 후에는 결코 자신의 재능이나 베푼 덕을 자랑하지 않았다. 그처럼 늘 남을 도와주면서 협의 풍모를 지켰기에, 요동 땅에서 그와 사귀기를 바라지 않는 사람이 없었다고 한다.

곽해라는 인물에 대한 묘사는 더욱 현실감이 있으며, 사람됨의 변화가 매우 극적으로 서술되어 있다. 아마도 사마천이 그와 같은 시기 사람이고, 직접 만나 본 적도 있기 때문일 것이다. 곽해는 관상가로 저명했던 허부(許負)의 외손자이며, 그 아비는 임협의 혐의로 문제(文帝) 때에 죽임을 당했다. 임협하자면 법을 어기는 경우가 많고, 그렇게 법을 어긴 사람들끼리

동아리를 이루면 반(反)사회적인 세력이 될 가능성이 높았기 때문이다. 그러나 곽해는 친구들의 원수를 갚고 망명자를 숨겨주는 등 아버지의 뒤를 이어 협의 본분을 다했다. 젊었을 때 그는 성미가 괴팍하고 심술궂어 자기 마음에 들지 않으면 화를 내어 사람을 죽이기 일쑤였고, 강도질이나 화폐를 사주(私鑄)하는 일도 서슴지 않았다. 그러나 나이가 들면서 점차 성질이 누그러져 검소한 생활을 하고 덕으로 원한을 갚으며 남에게 은혜를 베풀고도 보답을 받으려 하지 않았기에, 지역의 젊은이들이나 타지방의 현인·호걸들이 모두 그의 이름과 행동을 흠모하고 존경하며 사귀기를 바랐다. 한번은 낙양에 서로 원수진 사람이 있었는데, 주변의 현인·호걸들이 아무리 권유해도 화해하지 않았다. 결국 어떤 사람이 중재를 부탁하여 곽해가 한밤중에 원수진 사람을 찾아가서 설득했다. 그들이 화해하자 곽해는 일을 매듭짓고 떠나며 "낙양의 여러 어른들께서 여러분께 권했으나 그 말을 들어주지 않았다고 알고 있습니다. 지금 다행히 제 말을 들어주셨으나 제가 어찌 이 지방 어르신들의 권한을 빼앗을 수 있겠습니까? 잠시 화해를 미루었다가 낙양의 어르신들이 다시 권하면 그때 그 말을 들으십시오"라고 당부했다. 곽해의 사람됨이 이와 같았으므로, 나중에 그가 섬서 땅으로 가자 그를 아는 사람이나 모르는 사람이나 그 이름을 듣고 그를 만나기 위해 앞다투어 달려왔다고 한다. 무제는 곽해가 협으로서 그 아비에 못지않게 이름 높은 것을 두려워하여 그를 변방인 섬서 땅으로 옮기고도 마음을 놓지 못하더니 다른 죄를 덧씌워 결국 사형에 처했다.

주가나 곽해의 이야기 속에서 두드러지는 것은 사람들이 "그들과 사귀기 위해 앞을 다투어 찾아왔다"는 점이다. 물론 그러한 결과는 자신의 몸을 돌보지 않고 남의 일을 도왔던 그들의 행위에서 비롯된 것이었다. 그러나 그 행위는 예양이나 섭정이 스스로 남을 도왔던 것과는 다른 양상을 보인다. 우선 가장 큰 차이점은 그들의 행위에 이유가 없다(?)는 것이다. 예양이나 섭정은 모두 '자신을 알아준' 사람의 고마움에 답하기 위해 어떤 행동을 취했다. 그러나 주가나 곽해의 경우에는 그러한 원인이 존재하지 않는다. 오히려 누군가가 그들을 '알아주는' 것은 그들이 한 행동의 결과이다. 그들이 한 행동의 결과로 사람들은 그들이 '협'이라는 것을 알아본다. 이는 협의 존재와 행동규범이 이미 보편화되었기에 가능한 일이다. 그들의 행위가 개인적이거나 일시적인 것이 아니라, 어느 정도 지속성이 있는, 바꾸어 말하면 세습적인 형태로 굳어졌다는 사실도 주목할 만하다. 곽해의 이야기 속에서 이 점은 더욱 분명하다. 곽해의 아버지는 임협의 혐의로 죽었고, 곽해 또한 같은 죄명으로 형을 받는다. 결국 곽해는 '대를 이어' 임협한 것이다. (주가의 경우, 초나라 협사 전중이 그를 아버지로 모셨다고 한다.) 나아가 그 행위는 세습적일 뿐 아니라 집단적인 것이었고 사회적으로 공인을 받은 것이기도 했다. 낙양의 분쟁을 해결한 곽해는 "이 지역 어르신들의 권한을 빼앗을 수 없다"고 말한다. 이는 협이 당시에 분명한 사회적 역할을 담당하는 지위에 있었음을 암시한다. 협은 지역 사회에서 일정한 역할을 수행함으로써 정치적 영향력을 행사하는 집단으로 성장했던 것이다. 무제가 집권 초기에 장안(長安)의 세력가나 부호들을 변방으로 이주시키는 정책을 시행하자, 장군 위청(衛靑)은 곽해의 집이 가난하다는 점을 들어 이주 대상에 포함되지 않는다고 주장했다. 그에 대한 무제의 답은 이러했다. "벼슬도 없는 사람이 장군의 비호를 받다니, 이는 그 집이 가난하지 않다는 증거요." 황제를 가까이 모시는 장군과 두터운 교분이 있을 정도니 집안에 재물이 없다 해도 그 정치적 영향력이 상당하다는 점을 짚어 말한 것이다.

전국 말기의 혼란은 법가의 학설로 무장한 진에 의해 수습되었다. 진은 종법에 의해 유지되던 씨족 중심의 대가족제도를 완전히 해체하고 소가족 중심의 '농병일치(農兵一致)'를 기반으로 직접적인 대민(對民) 통치를 지향하는 국가 지배체제를 구축했다. 지키지 않으면 안 될 새로운 규범들이 제시되었고 구시대의 윤리는 전면적으로 부정되었다. 그러나 사람들의 사고방식이나 행동양식은 그리 쉽게 바뀌는 것이 아니다. 더구나 몇 백 년 동안 뿔뿔이 흩어진 나라들에서 다른 풍속과 관습을 지키며 살아온 사람들이었다. 진의 통치는 자연히 숱한 반발에 부딪혔고, '신상필벌(信賞必罰)'의 법률은 그에 반대하는 무수한 사람들을 죄인으로 몰아 죽이거나 병신으로 만들었다.[22] 그 과정에서 협은 전문적으로 사람들을 감추어 주거나 도피시키고 그 생명을 구해 주는 것을 업으로 삼아 사회적 영향력을 갖는 존재로 성장한 것이다. 역사는 그들에게 현인·호걸·장자의 이름을 부여한다. 순자(荀子)의 신랄한 비평은 이러한 유협의 실재성을 다음과 같이 증명했다. "의기를 세우고 위엄과 덕으로 복종케 하며 사사로운 사귐을 맺음으로써 세상에서 세력을 떨치는 자를 일컬어 유협이라 한다[立氣勢, 作威福, 結私交, 以立强於世者, 謂之遊俠]."

『사기』의 기록은, 춘추에서 한 초기에 이르는 중국의 역사에서 협이 어떻게 유별난 자존을 지닌 특별한 개인으로서 그 존재를 확립하였는가, 그리고 그들의 행위가 어떻게 규범화되었으며 사회적 존재로서의 그들을 어떻게 재규정했는가를 우리에게 가르쳐 준다. 그리고 그 역사를 통해서 협은 고유의 행위준칙을 가진 개인으로, 그 행위를 통해 어떤 역할을 담당하는 사회적 존재로 자리매김한다. 바로 유협(遊俠)과 호협(豪俠)이다.

유협과 호협의 두 갈래 길

진산(陳山)의 『중국무협사 中國武俠史』는 협의 유형을 발전 단계에 따라 유협과 호협으로 구분한다. 그에 따르면 유협은 춘추에서 전국에 이르는 발생기의 협을 가리키고, 호협은 전한 시기 무예를 숭상하는 풍조 속에서 강성해진 전성기의 협을 가리킨다. 민간에서 발생하여 순박한 무풍(武風)을 계승하고 세류에 부합하지 않는 순수성을 보존하고 있던 유협이

상층사회의 의도적인 개입에 의해 변질되어 호협을 중심으로 파벌화, 세력화하였다는 것이 진산의 주장이다. 따라서 그는 유협과 호협이라는 말을 민간의 협과 귀족화된 협이라는 말과 등치시켜 사용하기도 한다. 원래 무협은 문사들의 역사 속에서 지워진 존재이고, 그런 까닭에 그들을 지칭하는 이름도 일정하지 않다. 사(士)라거나 국사(國士)라고 불리기도 하고 자객이나 유협으로 지칭되기도 한다. 때로는 영웅·호걸의 이름으로 불린다. 그 이름들 사이에는 희미한 공통점이 존재하지만, 전혀 이질적인 요소들도 함께 한다. 그런 의미에서 진산의 작업은 협이라는 존재를 진지한 학문적 대상으로 삼고 그 개념적 범주를 확정했다는 의의를 지닌다. 그러나 그의 분류법은 지나친 계급의식에 사로잡혀 있는 것 같다. 유협과 호협의 갈라짐에 대한 그의 강박적인 반복은 마치 모든 긍정적인 요소들을 유협(민간의 협)에게 몰아주고, 남은 부정적인 요소들은 온전히 호협(귀족화된 협)에게 할당함으로써 협이라는 존재 자체에 면죄부를 주려는 것처럼 보인다.

협은 원래 문사들이 중심이 되는 역사에서 밀려나 감추어진 주변적 존재이다. 일관된 체계 속에서 통합되고 정제되어 순수함을 보존하는 '중심'과는 달리 '주변'에는 중심에 통합되지 못하고 버려진, 이질적이고 도저히 융화될 수 없는 불순물들이 되는대로 섞여 있게 마련이다. 그리고 그 속에는 어떻게든 살아남아 중심으로 편입되려는 요소들과 버려진 그대로의 순수함을 지키려는 요소들이 공존한다. 주변부로 떨려난 협이라는 존재에게 그와 같은 이질적 요소들이 혼재하는 것은 당연한 일이었다. 개별적인 존재로서 협은 변해 가는 세태에 부합하지 않으며 자기 원칙을 지키는 유별난 자존을 가지고 있었다. 그러나 그 역시 혼자서는 살 수 없는 인간이었다. 동아리를 이루며 생존의 가능성을 높여가는 동안, 그들 속에 잠재했던 서로 다른 지향들 사이의 균열도 커져갔을 것이다. 버려진 그대로의 본질을 지키느냐, 본질을 접어서라도 중심에 가까워져 실력을 행사하느냐, 그 선택은 음양의 원리에 의해 주변부가 되어버린 칠실의 생존 전략에 달려 있었다. 여기서 유협과 호협의 구분은 민간과 귀족, 계급의 문제라기보다는 차라리 개인적 존재로서의 '나'와 사회적 존재로서의 '나' 사이에서 방황하는 인간적 딜레마와 관계된다. 본디 '떠돌아다닌다'는 의미를 가진 유협의 '유(遊)'자는 매인 데 없는 존재였던 춘추전국 시기의 협을 가리켰지만, 사회로부터 고립된 그들 자아의 유별난 자존을 지칭하기에도 적당한 글자이다. 반면 호협의 '호(豪)'자에는 '거느린다'는 의미가 있다. 실제로 한 초기의 역사에서 호걸은 규범화된 임협의 행동양식을 준수하는 일반적인 협이 아니라 대중의 신임과 인망을 얻은 특별한 협, 협의 무리를 통솔할 수 있는 능력을 가진 사람을 지칭했다. 유별난 자존을 가진 개인으로서의 자아를 먼저 지킬 것인가, 타협하는 중용의 도리를 배워 실력 있는 사회적 존재가 될 것인가, 협으로 산다는 것은 먼저 그 갈림길 가운데 어느 하나를 선택하는 문제로부터 시작한다.

협(俠)으로 산다는 것

"강호를 떠도는 것은 재미나겠지요?"
"강호에 떠돌며 의지할 것은 사람들과의 사귐이야.
신의를 중히 여길 것, 그렇게 하는 사람은 강호에서
살아갈 수 있지. 신의를 지키지 못하면 애들 장난일 뿐,
오래가지 못해."
["在江湖上走來走去的好玩吧?"
"走江湖, 靠的是軟手. 講信講義, 應下來它, 就要做到.
不講信義, 就完不長了."]
이안, 「와호장룡」(2000) 중에서.

신의(信義), 협의 존재 증명

21세기가 시작되는 2000년의 여름, 전세계의 극장가를 뜨

겁게 달구었던 한 편의 영화가 있었다. 영화의 제목은 「와호장룡」. 제목부터 중국의 격언을 떠올리게 하는 이 고색창연한 영화는 예상외의 돌풍을 일으켰고 그 돌풍은 동양계 영화에 인색하기로 소문난 아카데미로부터 4개 부분 수상이라는 짭짤한 대가를 받아낸 뒤 대대적인 무협영화 신드롬을 불러일으키고서야 겨우 잦아들었다.[23] 영화의 첫머리, 소문으로 듣거나 책에서 읽은 지식을 자랑하며 강호를 동경하는 철부지 소녀 옥교룡(玉嬌龍)의 물음에 유수련(俞秀蓮)은 칼로 베듯 한 마디 한마디 힘주어 답한다. "강호에서는 두 가지가 중요하지. 신과 의. 신의를 지키지 못하면 오래 버티지 못해"라고. 그게 있어야만 강호 사람이 될 수 있고, 그것을 지키지 못하면 끝장인 것. 협으로 살아가는 사람에게 신의라는 것이 왜 그렇게 중요한가?

임협(任俠), 협으로 산다는 것은 그에 마땅한 행위를 실천한다는 뜻이다. 협은 실존적으로 주어지는 존재가 아니라 특정한 양식의 행위를 수행함으로써 완성되는 실천적 존재이기 때문이다. 그 행위의 핵심이 바로 '신의(信義)'이다. 신(信)이라는 글자의 원래 형태는 사람의 입에 가시를 꽂는 모양의 상형자라고 한다. 그 그림의 뜻은 말한 바를 지키지 못하면 벌을 받는다는 것이다. 의(義)라는 글자는 갑골문에서 끝 부분에 갈고리 모양의 장식이나 깃털을 단 아(我)[24]형의 의장용 무기를 가리켰다. 이 무기는 실질적인 용도로 쓰인 것이 아니라 의례의 위용을 더하기 위한 것이었기 때문에, 점차 '인위적이다'

혹은 '본래의 것이 아닌(꾸며낸)' '엄숙한 의례·규범에 들어맞는 행위' 등으로 그 뜻이 확대되었다. 그러므로 '신의'는 뱉은 말을 반드시 지키는 것 그리고 규범에 들어맞는 행위를 의미한다.

무협지를 읽거나 무협영화나 TV 시리즈를 보면서 언제나 "도대체 왜?"라는 가장 큰 물음표가 붙는 곳은 죄 없는 선의의 인물이 궁지에 몰렸을 때 결국 스스로 목숨을 끊음으로써 결백을 증명하는 장면이다. 죽는다고 실타래처럼 얽힌 상황이 풀어지는 것도 아니고, 무죄가 증명되는 것도 아닌데. 좀더 인정머리 없는 시선으로 보자면, 그건 현실 도피이고 애매한 개죽음인 것을. 도대체 왜?

형가를 태자 단에게 소개한 것은 연나라 처사 전광이다. 전광은 형가의 지기였고, 태자 단이 하고자 하는 일에 자신은 적합하지 않다고 생각하여 그를 추천한 것이었다. 돌아서 나오는 전광을 붙잡고, 소심한데다 조급증까지 있는 태자는 이렇게 당부한다. "제가 말씀드린 것이나 선생께서 말씀하신 것은 나라의 큰일입니다. 바라건대 선생께서는 (그 말을) 퍼뜨리지 마십시오!" 전광은 예를 갖추어 사례하고 웃으며 그것을 승낙한다. 그러나 형가가 자신의 부탁을 받아들이자, 전광은 곧이어 이렇게 말한다. "내가 듣기로, 장자는 일을 하는 데 있어 다른 사람이 의심하지 않도록 한다고 하오. 지금 태자께서 내게 이 일이 밖으로 새지 않게 해달라 당부하셨으니, 이는 태자께서 나를 의심하신 것이오. 일을 하면서 남이 나를 의심하게 만드는 것은 협으로서 잘못 산 것이오[夫爲行而使人疑之, 非節俠也]." 그리고 그는 "바라건대 그대가 태자께 가거든 전광이 이미 죽어서 결코 말하지 않을 것이라 전해 주시오[願足下急過太子, 言光已死, 明不言也]"라며 스스로 목을 베어 죽는다. 협이라는 존재는 일을 하면서 다른 사람에게 의심이 들지 않도록 해야 한다. 그것이 협으로 사는 이에게 걸맞은 행위[節俠]이다. 의심하지 않는다는 것은 믿는다는 것이다. 실천적 존재인 협에게 어떤 일을 수행하는 데 있어 '틀림없다'는 믿음은 곧 존재에 대한 믿음이었다. 아니, 그것은 존재에 선행하는 전제였다. 전광은 태자 앞에서 둘이서 나눈 이야기를 다른 사람에게 말하지 않겠다는 다짐을 하고 물러 나왔다. 살아 있는 사람이 말을 하지 않는다는 것은 100% 보장할 수 있는 일이 아니다. 그러나 말할 사람이 없다면 말은 전해지지 않는다. 말할 사람을 죽이면 "말하지 않겠다[不言]"고 한 말은 확실히 이행하는 것이 된다. "한다면 한다"는 것은 협의(俠義), 협이 마땅히 지켜야 할 행위준칙이었다. 행위에 대한 믿음이 없다면 존재도 없다. 몸이 죽더라도 그 믿음을 지키는 것, 그것이 협의 존재 증명인 것이다.

아카데미에서 선전한 대만 감독 소생의 「와호장룡」에 맞서 중국 대륙의 무협적 정통성을 증명하려는 듯, 2003년 새 아침을 장식한 또 한 편의 영화가 있다. 중국 제5세대 감독의 대표격이라 불리는 장예모(張藝謨)의 「영웅 英雄」이다. 영화의 막바지, 여자 주인공 비설(飛雪)의 손에서 죽어가는 남자 주인공

파검[殘劍]. 영화는 장엄한 정치서사극에서 비장한 로맨스로 급선회한다. 그러나 그것은 사랑하는 여인의 손에 죽어가는 남자의 낭만주의적인 감상이 아니다. "어떻게 하면 믿겠어?" 자신의 말, 자신의 존재를 증명하고 싶어 하는 파검에게 그를 믿지 못하게 된 연인은 시퍼런 칼날을 들이댄다. "칼을 뽑아." 같은 뜻을 품고 같은 일을 해낼 사람[同志]이라고 생각했는데, 나를 알아주고 내가 아는 유일한 사람[知己]이라 믿었는데, 일을 이루려는 마지막 순간, 믿을 수 없는 행동을 해버린 그는 이미 믿을 수 없는 사람이었다. 믿을 수 없는 사람은 적이다. 적은 사랑할 수 없다. 적과는 싸울 뿐이다. 연인의 칼이 한 치의 망설임도 없이 날아와 심장에 막 다다른 순간, 파검은 자신의 칼을 버린다. 거둘 사이도 없이 칼날은 살과 피로 된 몸에 들어가 박힌다. 자신의 칼이 그의 가슴에 꽂혀 아직도 힘을 다하지 못하고 부르르 떠는 것을 보면서 여인이 넋을 잃고 묻는다. "왜 내 칼을 막지 않았지?" "이러면 나를 믿을 테니까[這樣就是相信我]." 사랑보다 앞서가는 것은 믿음이다. 믿음이 없는 한 사랑도 존재하지 않는다.

지기(知己), 나를 알아준다면

예양은 "선비는 자기를 알아주는 사람을 위해 죽는다"는 말로 자신의 행위와 존재를 규정했다. 나를 알아준다는 것은 무엇인가? 사람은 혼자서 살아가는 존재가 아니다. 살아가는 동안 숱하게 많은 사람을 안다. 그렇다면 내가 알고 나를 아는 모든 사람을 위해 죽어야 하나? 그렇지는 않다. 단순히 '나를 아는 것[認我]'과 '나를 알아주는 것[知己]'은 다르기 때문이다. 예양은 지기로 인정한 지백에게 가기 전에 범씨와 중행씨 밑에 있었다. 그들은 모두 예양을 안 것이지만, 예양을 알아주지는 않았다. 예양이 지백에게 가서 남다른 공을 세웠던 것은 아니다. 그런데도 지백은 그를 남다르게 대접해 주었다. 겉으로 드러나는 것만이 아니라, 그가 가지고 있는 잠재적인 능력까지 알아보고 그에 맞는 대접을 해주는 것, 그의 말과 행동이 추호도 어긋남이 없음을, 어떤 일을 맡겨도 '틀림없이' 해낸다는 것을 믿어주는 것, 그것이 지기이다. 엄중자는 섭정이 그를 위해 일할 수 없음을 분명히 밝혔음에도 전혀 태도를 바꾸지 않고 그 인격을 최고로 존중해 주었다. 엄중자가 섭정에게 정성을 다하는 동안, 섭정은 어떠한 행동도 취하지 않았고 자신의 능력을 확인시켜 주지도 않았다. 그런데도 엄중자는 그 사람의 인격과 능력에 대한 믿음을, 처음 그에게 부여한 가치 판단을 번복하지 않는다. 엄중자의 섭정에 대한 믿음은 그만큼 절대적이고 전면적인 것이었다. 섭정은 이를 두고 "나를 깊이 알아주었다[深知政也]"라고 했다. 누군가를 써먹을 수 있느냐 없느냐는 그 사람의 존재를 믿느냐 믿지 못하느냐의 문제를 앞지를 수 없다. 알아주는 것, 그 존재를 믿어주는 것만큼 중요한 것은 없다. 누구보다 유별난 자존을 가진 존재, 협에게 있어 그것은 인간관계의 필요조건이었다.

협은 협다워야 한다. 그리고 어떤 사람이 협이라는 것은 실질적인 행위, 신의로만 증명될 수 있다. 행동으로 증명된 것은 누구라도 알 수 있다. 그 결과가 어떤 것이든 감각적으로 확인될 수 있기 때문이다. 그러나 지기는 협의 어떤 행위가 겉으로 드러나기 전에, 그가 신의로써 자신을 증명하기 전에 그 행위를, 그 존재를 알아준다. 세상은 그가 한 행위의 결과를 두고 시비를 따진다. 때로는 그의 행위가 지나치게 폭력적이었다거나 사사로운 은원관계에 의한 것이었다거나 하는 등의 이유를 대면서 그 행위의 가치를 부정하려 한다. 협의 행위는 신의를 위함이다. 신의라는 것은 행동으로써 자기를 증명하는 것이다. 그 행위를 부정한다는 것은 결국 자존을 부정한다는 뜻이다. 자존을 부정하는 세상에서, 지기는 증명하지도 않은 자신을 수용해 주는 사람이다. 그런 존재를 어떻게 고마워하지 않을 수 있는가?

협이라는 존재는 언제나 '지기(知己)'와 '비지기(非知己)'라는 두 세계 사이를 떠돈다. 그리고 그 유별난 자존을 이해하고 전면적으로 긍정해 주는 지기는 그를 이해하지도 수용하지도 못하고 결국 부정해버리고 마는 비지기의 세계와는 비교되지 않을 정도로 희소하다. 「자객열전」의 이야기 속에서 조말·전제·예양·섭정·형가는 모두 뛰어난 재능을 가진 인물이었다. 그러나 그들은 우수한 가문과 혈통을 지닌 사람들이 아니었다. 오히려 그를 '알아주는' 누군가를 만나기 전까지, 그들은 전혀 이름이 알려지지 않았거나 백정의 무리 속에 신분을 속이고 숨어 살거나 저자에서 건달패와 어울려 지내거나 하면서 변변찮은 삶을 영위했었다. 말하자면 지기란 끝없이 펼쳐진 비지기의 사막에서 만나는 단 하나의 오아시스와 같은 것이다. 그 삶을 마칠 때까지 평생을 떠돌아도 만날 수 없을지 모른다. 그러므로 그런 누군가를 만난다면, 그는 협의 전부가 된다. 세상의 원칙보다는 자신의 원칙을 앞세우고, 세상을 믿기보다는 자기 자신을 믿는 협에게 있어 지기의 존재는 그만큼 절실하고 소중한 것이다. 지기는 나의 능력을 알아주는 사람이고, 나의 말과 행위를 믿어주는 사람이다. '나를 알아준다[知己]'는 것은 내 존재의 전면적인 긍정을 의미한다. 그리고 내 존재를 전면적으로 긍정해 주는 사람이 있다면, 그를 위해서는 목숨을 바칠 수도 있다. 협은 그런 인간이다.

보(報), 받은 대로 갚는다

자기 존재에 대한 전면적 긍정, 그것을 지기라 부른다. '나를 알아주는' 지기를 위해서라면 무엇이든 한다. 그것은 "한다면 한다"와 맥을 같이하는 협의 행위준칙이었다. 이때 그 행동이 합리적인지 아닌지, 세상의 상식에 부합하는지 아닌지를 판단하는 것은 부차적인 문제였다. 그 모든 것에 우선하는 것은 "그가 나를 알아주었다"는 원인이고, 그러기에 "나는 그의 알아줌에 보답한다"는 결과이다. 협에게 있어 행위에 대한 믿음은 존재에 대한 믿음과 일치한다. 한 가지 행위가 그 사람의 모든 면을 설명해 줄 수는 없다. 그러나 협은 남다른 자존을 가지고 있었다. 세상은 그런 그의 자존을 부정하고 내몰았다. 고립 속에서 협의 자존은 갈수록 유난스러워지고, 자신의 행위와 인격을 동일시할 정도로 극단적이 되어갔다. 나의 행위는 곧 나다. 그러므로 협에게 있어 어떤 행위는 그 사람의 전부로 인식된다. 결국 지기는 협을 알아주고 협의 존재를 긍정함으로써 반대급부로 그 자신의 존재를 인정받는다.

오나라의 부차는 전제를 얻은 뒤 그를 매우 존중하며 잘 대접했다. 마침내 기회가 왔을 때, 그는 전제에게 머리를 조아리며 이렇게 말했다. "저의 몸이 곧 그대의 몸입니다[光之身, 子之身也]." 머리를 조아리는 것은 주인이 손에게 드리는 예가 아니라, 손이 주인에게 드리는 예로 마땅한 것이었다. 그러나 부차는 스스로 손의 입장이 되어 전제에게 예를 올렸다. 단지 말뿐만이 아니라 행동으로도 그 자신과 전제를 동일하게 여긴다는 것을 증명하려는 듯. 실제로 오왕의 암살 사건에 몸을 바친 것은 부차가 아니라 전제였다. 부차는 전제라는 인격을 존중해 줌으로써 그의 생명을 되받은 것이다. 세상의 그 무엇보다, 자신의 자존을 중시하는 협에게 '지기'보다 더 큰 은혜는 없다. 그리고 은혜를 입었다면 그것은 반드시 행동으로 갚아야 했다. 협은 신의로써, 믿음에 부합하는 행위로써만 자신을 증명하기 때문이다. 그래서 섭정은 엄중자를 위해 협루를 죽였고, 예양은 자기 몸을 해쳐가면서 두 번이나 조양자를 암살하러 갔다.

다시 만났을 때 조양자는 소리 높여 예양을 비난한다. 일찍이 그는 죽은 주군을 위하는 예양의 의로움을 높이 샀다. 어쩌면 지백을 위한 예양의 한 마음[一片丹心]에 은근히 끌렸기 때문일 것이다. 자신은 신하된 자로 두 마음을 품어 남의 나라를 빼앗지 않았던가? 저 사람에게는 나에게 없는 것이 있다. 그런 경우 사람은 시기하거나 감탄하게 되는 법이니까. 그런데 예양이란 자도 여러 주군을 모셨다고? 속았다는 생각이 들었을 것이다. 아마도 그의 분노는 배신감에서 비롯한 것으로 보인다. 하지만 예양은 끝까지 꿀리는 데 없이 떳떳했다. "지백은 나를 국사로 예우하였기에 나도 국사로서 그에게 보답하는 것이오." 범씨와 중행씨는 예양의 지기가 아니었다. 그래서 예양도 지기의 예로 그들을 대하지 않았다. 그러나 지백은 아무것도 하지 않은 그를 알아주었다. 그래서 예양도 지기의 예로써, 존재와 생명을 다해 그에게 갚았다[報]. 갚는다는 것은 받은 것을 전제로 한다. 무엇을 받았는지에 따라 갚아야 할 것도 달라진다. 은혜를 받았다면 은혜를 갚는다[報恩], 원한을 맺었다면 원수를 갚는다[報仇].

전한 말기의 혼란 속에서 외척 왕망(王莽)은 유씨로부터 나라를 빼앗고 제위에 올라 국호를 '신(新)'이라 했다. 이 과정 속에서 그의 정권 탈취에 큰 공을 세웠던 공신 손건(孫建)은 일찍이 왕망이 직접 체포한 서하대협(西河大俠) 조중(漕中)을 숨겨준 적이 있었다. 왕망은 손건을 의심했으나 그를 믿는 마음이 있으므로 짐짓 대수롭지 않은 척 그 일을 물었다. 손건은 이에 반발하여 "신의 이름이 있사오니 신을 죽이심으로 문책하시면 될 것이옵니다"라며 곧바로 자리를 박차고 일어났다. 왕망은 그의 노여움을 살까봐 조중을 숨겨준 사실을 안 뒤에도 다시는 그 일을 거론하지 않았다. 중국의 오래된 격언 가운데에는 이런 말이 있다. "의심하는 사람은 쓰지 않고, 쓰는 사람은 의심하지 않는다[疑人不用, 用人不疑]." 의심을 한다는 것은 그 사람의 말과 행동을 믿지 못한다는 것이고, 말과 행동을 믿지 못하는 것은 그 존재를 믿지 못한다는 것이다. 그것은 그 사람의 어떤 면에 대한 부분 부정이 아니라 그 존재에 대한 전체 부정이다. 의심이란 결국 그 존재에 대한 상실과 통한다. 그리고 그 상실에는 반드시 대가가 따르는 법이다. 믿음을 잃었을 경우, 협의 선택은 둘이 될 수 없다. 그의 행동을 의심한 사람은 그의 존재를 의심한 것이고, 나를 의심한 사람과는 같은 하늘을 머리에 이고 살 수 없다. 나를 의심하는 순간, 그는 나의 원수가 된다. 그가 죽거나 내가 죽거나 목숨을 걸고 싸울 뿐이다.

영웅의 이름으로

　　　　　　　　　　　　　　　　"난 개가 아냐."

　　　　　　　"아냐. 자네는 개가 아냐. 자네는 사람이야."

　　　　"개처럼 사람에게 맞아 죽게 될 줄은 몰랐어. 죽을 때는

　　　　　　　　　　좀 멋지게 죽고 싶었는데."

　　　　　　　　　　　　　　　["我不是狗."

　　　　　　　　　"不是, 你不是狗. 你是人."

　　　　"沒想到狗的樣子被人打死. 我想死得光彩一些."]

　　　오우삼(吳宇森), 「첩혈쌍웅 喋血雙雄」(1989) 중에서.

　　검은 코트 자락을 휘날리며 춤을 추듯 우아하게 쌍권총질
을 하는, 보지도 않고 총을 쏴도 백발백중으로 사람을 죽이는,

그런데도 돌아선 뒷모습은 어쩐지 외로워 보이는 킬러가 주인공인 한 편의 영화가 있었다. 벌써 십 년도 더 된 옛일이지만, 그때 그 영화는 홍콩 누아르의 완결판이라 불렸다. 그리고 영화 포스터에는 "개같이 살기보다는 영웅처럼 죽고 싶다"는 인상적인 카피가 적혀 있었다.

킬러에게는 시력을 잃어가는 연인이 있었다. 일찍이 그를 배반한 적이 있던 친구는 끝까지 자기를 믿어준 우정에 보답하기 위해 돈가방을 들고 그를 찾아온다. 만신창이가 되도록 얻어맞은 몸을 이끌고, 문 안에 들어선 그는 피떡이 되어 너덜너덜해진 품에서 돈가방을 꺼내 건네준다. "자네 돈이야. 내가 찾아왔어." 생각지도 않은 비극적 상황에 말문이 막힌 킬러를 앞에 두고 친구는 독백에 가까운 넋두리를 계속한다. "그 녀석이 날더러 개라더군. 나도 내가 개인지 사람인지 모르겠어." "세상에 누구도 자네를 개라 부를 자격은 없어." 주인공이 위로하며 달래듯 넋두리를 이어 받는 순간, 요란한 총소리와 함께 친구는 총알받이가 되어 쓰러진다. "죽을 때는 좀 멋지게 죽고 싶었는데." 그 한마디를 남기고.

단지 유명해지기 위해, 조직의 배신자를 암살하는 일에 자원한 의형제를 붙잡고 또 다른 영화의 주인공은 이렇게 설득한다. "난 열네 살에 처음 사람을 죽였어. 그 때는 누구보다 잘난 줄 알았지. 그래서 지금 내 꼴이 어떠냐?" 그러나 이미 뜻을 세운 그의 아우는 안간힘을 다해 그에게 맞선다. "단 하루 영웅 노릇을 하더라도, 평생 개처럼 살 수는 없어[做一天

的英雄, 也不應做一輩子的狗獸]!"

영웅이 뭐길래? 도대체 뭐길래 그게 되지 못하면 개나 마찬가지고, 개처럼 살 거라면 차라리 죽는 게 낫다는 걸까? 영웅(英雄)은 '빼어날 영(英)'에 '수컷 웅(雄)', 그러니까 '수컷 중의 수컷'이라는 뜻이다. 그러고 보니 처음 그 영화의 제목은 아예 '피바다를 밟고 걸어가는 똑같은 두 마리 수컷[喋血雙雄]'이다. 두 번째 영화의 제목은 '피 끓는 싸나이[熱血男兒]'25) 란다. 그렇다면 수컷 중의 수컷은 어떻게 해야 될 수 있는가? 동물의 왕 사자, 모든 수컷들의 우두머리인 그가 하는 일이 뭔지 살펴보자. 암컷이 땀 뻘뻘 흘리며 한나절을 뛰고 사냥하는 동안 수컷은 사냥한 고기를 차지하고(그것도 제일 좋은 부위만, 가장 신선할 때), 평생 딱 세 가지 일만 한다. 먹고(개체보존), 자고(종족보존), 싸는 것(영역표시)이다. 그 중에 싸는 일이 가장 중요하다. 싸는 일을 제대로 못하면 먹을 것도 잘 곳도 안 생긴다.

「더 히어로」라는 영화가 있다. 주인공은 조직의 오른팔인 일급 킬러다. 그가 보스의 명령으로 사냥을 나선다. 사냥감은 저격에 한 번 실패한 적이 있던 대사. 그는 지금 밀림 한가운데 있는 방갈로에서 피신중이다. 살짝 빗나가 대사의 다리를 맞혔던 킬러의 총탄은 이번에는 정확하게 심장을 관통한다. 맡은 바 할 일을 마치자, 주인공은 패거리를 이끌고 유유히 현장을 빠져나간다. 일을 마친 그들은 현장을 뜨기 전에 방갈로를 둘러싼 야자수 나무 아래서 참아왔다는 듯 볼일을 본다. 다리를 벌린 채 등을 보이고 서 있는 세 남자의 그림자가 붉은 노을 속에 오래도록 선연하다. 더없이 위풍당당한 그들의 마지막 의식. 이제 여기는 우리가 접수했다는, 참으로 확고부동한 영역표시가 아닌가. 영역이 없는 수컷은 먹을 것도 없고, 잘 곳도 없다. 그래서 그들은 피 터지게 싸운다. 싸는 일을 제대로 못하면 살아도 산 것이 아니므로. 먹을 것도, 잘 곳도 없이 떠돌이 개처럼 살아남기보다는 영역표시만큼은 확실히 해두고 죽으려 한다. 수컷 중의 수컷이 되기를 자나 깨나 바라마지 않는 그들은 죽어서라도 '영웅'이 되고 싶은 것이다.

살신성명(殺身成名) : 버리는 것은 목숨, 얻는 것은 이름

장예모의 「영웅」은 한 무사의 독백으로부터 시작한다. "나는 어려서 고아가 되었고 이름조차 없어서 사람들이 무명이라 불렀다. 사람이 이름조차 없다니. 곧 온 힘을 다해 검술을 연마했고, 십 년 만에 독특한 검법을 완성했다[我自由便爲孤兒, 也沒有名字, 人稱無名. 人辱無名. 焉可專心鍊劍, 花十年鍊成一種獨特的劍法]." 이름 없는 무사는 진왕을 암살하려던 당대 최고의 고수들을 차례로 물리치고 드디어 세상에 이름을 알린다. 영화는 무명이 세 명의 고수를 죽인, 그 사건의 전말을 해명하는 것으로 구성된다. 처음에 그것은 그 자신의 입을 통해 이야기된다. 이름도 없는 무사인 그가 천하에 명성이 쟁쟁한 고수들을 물리쳤다는 믿을 수 없는 사실에 대한 자기 증명이다. 그러나 이야기 속의 두 주인공 파검과 비설을 직접 대면한 바 있던 진왕에 의해 그 증명은 번복된다. 진왕의 반론에 대해 이름 없는 무사 '무명'은 마침내 숨겨진 사건의 진실을 드러낸다. 사실 그는 그가 죽였다던 고수들과 마찬가지로 진왕을 암살하러 온 것이었다. 마지막에 그는 암살을 포기하고 진나라 사수들이 쏜 화살에 죽고 말지만, 무명인 그의 이름은 역사에 남고 진왕조차 알아주었던 고수들은 이름 없는 사막의 주검이 된다. 이름 없는 무사 '무명(無名)'이 주인공일 때, 영화 「영웅」은 곧 '무명 협객이 세상에 나와 이름을 얻는 이야기[無名俠客之有名出世記]'이다.

이름 없는 협객은 어떻게 이름을 얻게 되는가? '무명'은 말한다. "진왕이 지금 나를 부른 것은 내가 진나라가 깜짝 놀랄 만한 큰일을 했기 때문이다[秦王今際召見, 是因爲我已辦成一件驚動秦國的大事]." 그리고 그 '깜짝 놀랄 만한 큰일'은 이름 없는 무사인 그가 진왕의 암살미수범으로 이름이 높은 장천(長天)·비설·파검을 죽이고 증거로 그들의 무기를 빼앗은 일이다. 개가 아님을 증명하기 위해 죽거나, 단지 유명해지기 위해 누군가를 죽이거나, 내 목숨을 담보로 사람을 죽이고 없던 이름을 얻음으로써, 그들은 영웅이 된다.

목숨을 버려서 이름을 얻는 행위는 이미 예양의 사건에 보인다. 처음 그가 미련 없이 중행씨와 범씨를 버리고 지백에게 간 것은 그들이 그의 '이름을 알아주지 않았기' 때문이었다. 나의 이름을 알아준다는 것은 곧 나를 알아준다는 것이다. 여기서 한 인간의 이름과 존재는 일치한다. 이름[名]은 곧 자기 증명[明]이기 때문이다. "이름은 헛되이 나는 것이 아니고 선비는 까닭 없이 서로 어울리지 않는다[名不虛立, 士不虛附]"는 사마천의 주장 또한 같은 맥락에서 읽힐 수 있다. 협의 존재는 행위에 의해 증명되며, 존재가 증명되면 세상에 이름이 난다[出世立名]. 그런 까닭에 협이 이름을 얻는 것은 자기 존재를 세상에 증명하는 일이다. 예양은 지백이 죽은 뒤, 그를 위해 두 번이나 조양자를 죽이려 했었다. 일찍이 한 번 그를 용서했던 조양자는 예양이 또다시 그에게 칼을 겨누자 이렇게 탄식한다. "아아! 예양이여! 그대가 지백을 위하는 것으로 이미 이름이 알려졌다[嗟乎豫子! 子之爲知伯, 名旣成矣]."

섭정은 엄중자를 위해 한나라 재상 협루를 죽인 뒤, 자신의 신분을 밝히지 않으려고 "스스로 얼굴 껍질을 벗기고 눈알을 파낸 뒤 창자를 긁어내고" 죽는다. 한나라에서는 재상을 죽인 범인을 잡아내기 위해 섭정의 얼굴 없는 주검을 저자에 끌어내 놓고 현상금을 걸었는데, 이에 섭정의 누이 섭영(聶英)은 죽음을 두려워하지 않고 선뜻 나선다. 아우의 의로운 행위가 세상에 알려지지도 않은 채 사라지게 할 수 없었던 까닭이다. "섭정이 부끄러움을 무릅쓰고 저잣거리에 자기를 숨긴 것은 늙은 어머니를 모셔야 하고 제가 아직 결혼을 하지 않았기 때문이었습니다. 어머니가 세상을 떠나시고 제가 지아비를 얻어 혼인하였으니, 어려움을 살피고 알아주었던 엄중자의 고마운 은혜를 어찌 모른 척하겠습니까? 선비는 자기를 알아주는 이를 위해 죽는다고 하지요. 아직도 제가 살아 있는 까닭에 그는 스스로 자기 몸을 해쳐 신분을 감추었습니다. 그러나 제가 어찌 죽는 것을 두려워하여 어진 아우의 이름을 아주 사라지게 하겠습니까?" 아우의 죽음을 비통해 하던 섭영은 그 곁에서 사흘 밤낮을 울부짖다가 끝내 숨을 거두고 만다.

예양이나 섭정은 지기를 위해 목숨을 바침으로써 이름을 얻었다. 스스로 결정한 그 일을 그들의 방식으로 이행하려면 자기 존재를 통틀어 목숨조차 바쳐야 했기 때문이다. 그들은 스스로 자기 행동의 원칙을 정하고 실천했다. 그리고 그 대가로 이름을, 협으로서 살았던 그 존재에 대한 세상의 인정을 얻었다. 예양이 죽었을 때 조나라의 뜻있는 선비들은 그 일을 듣고 모두 흐느껴 울었으며, 섭정과 섭영의 일이 있었을 때는 진(晉)나라·초나라·제나라·위나라의 사람들이 모두 "섭정만 대단한 것이 아니라, 그 누이 또한 열녀다[非獨政能也, 乃其姊亦烈女也]"라고 감탄하지 않았던가! 그러나 그들은 이름을 얻기 위해 목숨을 버리지는 않았다. 목숨을 버린 것은 그의 유별난 자존을 위해, 그것을 알아주는 사람을 위해 마땅히 해야 하는 일의 부수적 결과였을 뿐이다.

'사생취의(捨生取義)'라는 말이 있다. 목숨을 버려 의로움을 취한다는 말이다. 공자님 제자이신 맹자(孟子)님 말씀이다. 사실 이 분은 글 읽는 선비[文士]답지 않은 모습을 보인 적이 꽤 많다. 그가 공자님의 시대와는 달리 인정사정 볼 것 없는 전국(戰國)의 도가니 속에 살았기 때문인지 모른다. 그 분의 말씀은 대략 이러하다.

　　물고기는 내가 바라는 것이다. 곰 발바닥 또한 내가 바라는 것이다. 두 가지를 함께 얻을 수 없기에 물고기를 버리고 곰 발바닥을 취하는 것이다. 삶은 내가 바라는 것이다. 의(義) 또한 내가 바라는 것이다. 두 가지를 함께 얻을 수 없기에 목숨을 버리고 의를 취하는 것이다.

　　삶은 또한 내가 바라는 것이다. 바라는 것 가운데 삶보다 더한 것이 있기 때문에 구태여 얻으려 하지 않을 따름이다. 죽음은 또한 내가 싫어하는 것이다. 싫어하는 것 가운데 죽음보다 더한 것이 있기 때문에 그 어려움을 피하지 않을 따름이다. 사람이 바라는 것 가운데 삶보다 더한 것이 없다면 삶을 구해야지 어찌 그러지 않겠는가? 사람이 싫어하는 것 가운데 죽음보다 더한 것이 없다면 그 어려움을 피해야지 어찌 그러지 않겠는가? 그렇게 하면 살 수 있는데도 그렇게 하지 않고, 그렇게 하면 죽음을 피할 수 있는데 그렇게 하지 않는 것은 삶보다 더 바라는 것이 있고, 죽음보다 더 싫은 것이 있기 때문이다. 비단 어진 사람[賢者]만 이 마음을 가진 것이 아니라, 사람이라면 모두 그것을 가지고 있지만, 어진 사람만 (그것을) 해치지 않을 따름이다.

　　한 광주리의 밥과 한 그릇의 죽, 그것을 얻으면 살고 그러지 못하면 죽는다. (그런데도) 되는대로 불러서 그것을 주면 길을 가던 사람도 받지 않고, 발로 차서 주면 거지도 쳐다보지 않는다.

억만금[萬鍾]이라 해도 예의를 갖춰주지 않으면 그것을 받지 않는다. 억만금이 나에게 무슨 도움이 된단 말인가? 궁궐 같은 저택의 아름다움, 아내와 시앗의 받듦, 내가 아는 형편 어려운 사람들이 내게서 도움을 받게 하기 위함인가? 지금껏 (내) 몸이 죽을지언정 받지 않았는데, 이제 와서 궁궐 같은 저택의 아름다움을 위해 그것을 받겠는가? 지금껏 몸이 죽을지언정 받지 않았는데, 이제 와서 아내와 시앗에게 받들어지려고 그것을 받겠는가? 지금껏 몸이 죽을지언정 받지 않았는데, 이제 와서 아는 사람을 도와주려고 그것을 받겠는가? 이것이 또한 가능한 일이겠는가? (그렇게 한다면) 이를 일컬어 그 원래의 마음을 잃은 것이라 한다.[26]

맹자는 기원전 372년에서 289년까지 살았던 인물로 알려져 있다. 『사기』에 따르면, 전제의 사건이 있고 70년 뒤에 예양의 일이 있었다. 부차의 재위기간이 기원전 496년부터 시작되므로 전제의 암살 사건은 같은 해이거나 한 해 전인 기원전 470년쯤에 있었을 것이다. 예양의 일이 있고 다시 40년 뒤에 섭정의 일이 있었다. 소년 맹자가 여남은 살이나 먹었을 무렵의 일이다. 섭정은 제나라에 몸을 숨기고 살았다. 맹자의 고향은 제나라에서 멀지 않은 추(鄒) 땅이었다. 소년 맹자는 틀림없이 섭정의 일에 대해 들었을 것이다. 자신의 이익을 위해서라면 정의(情義)를 돌보지 않고 가릴 것도 없이 속내를 드러내 보이는 무자비한 세상에서, 이름도 얼굴도 밝히지 않고 다만 자신을 알아준 사람을 위해 신의를 지켜 목숨을 버린 사람이 있다니! 이처럼 충격적인 사건이 한참 예민한 나이의 소년에게 아무런 인상을 남기지 않았을 리 없다. 맹자는 말한다. "삶은 내가 바라는 것이다. 의(義) 또한 내가 바라는 것이다. 두 가지를 함께 얻을 수 없기에 목숨을 버리고 의를 취하는 것이다." 사람으로 태어나 살아남는 것을 어찌 바라지 않겠는가? 다만 두 가지 중 어느 하나를 버려야 하기에 목숨을 버릴 따름이다. 예양이나 섭정이 죽음을 택한 것 또한 그런 이유였다.

목숨을 바쳐 의를 지킨다. 그것이 시작이었다. '사생취의'의 존재 증명은 자아의 실현, 그 자체로 목적이 되는 행위였다. 목숨을 바쳐 의를 지켰기에 그들은 이름이 났다. 이름이 나면 사람들이 모이고, 사람이 모이면 먹을 것도 생기고 잘 곳도 생기는 법이다. 유명세에 따라서 협은 드디어 많은 사람들이 선호하는 '업(業)'이 되었다. 협의 행위는 점차 규범화되고, 추종되고, 학습되었다. 규범을 추종하고 학습한 사람들의 숫자는 하나가 둘이 되고, 둘이 셋이 되고, 드디어 천하에 가득 찼다. 누가 '나를 알아주기를' 기다리고 있을 수만은 없었다. 지기를 만난다는 건, 하늘만 믿고 기다리기엔 너무 희박한 희망이었다. 사람들은 점점 '나를 알아줄 사람'을 찾아 나서기 시작했다. 사람의 일을 다하고서야 하늘의 뜻을 기다린다[盡人事待天命]고 하지 않던가! 원래 협의 존재 증명이란 '나를 알아준다'는 믿음에 대한 '갚음[報]'의 행위였지만, 이제 협은 지기를 만나기 위해, 세상에 자신이 협이라는 사실을 알리기 위해 존재를 증명해야만 했다. 자기 증명의 행위는 목적에서 수단으로, 유별난 자존의 이상(理想)에서 전문 직업인의 심사기준으로 변했다. 세월이 바뀌었으니 사람도 바뀌는 것은 당연하다. 협은 이제 '나 보란 듯' 남이 꺼리는 일을 대신 해주고, 법을 어겨서라도 남을 도와주고, 이름난 사람을 찾아가 싸움을 걸기도 했다. 이름을 날릴 수 있는 일은 무엇이든 한다. 그러다가 운이 나쁘면 죽는 것이다. 그래도 그들은 그 위험을 무릅썼다. 죽어서라도 이름을 날릴 수만 있다면, 이름 없이 평생을 떠도는 것보다 나았으므로. 협은 이제 몸을 죽여서라도 이름을 알리며[殺身成名] 살 길을 찾는 직업인이 된 것이었다.

호걸(豪傑), 끼어들기[多管閑事]의 리더십

이미 영웅인 자는 영웅이 되기 위해 죽을 필요가 없다. 이름을 알리기 위해 죽는 건 3류, 기껏해야 2류 인생이다. 「첩혈쌍웅」에서도, 「열혈남아」에서도 주인공은 이름 따위에 목숨 걸지 않는다. "개같이 살기보다는 영웅처럼 죽고 싶다"고 외치는 것은 늘 스포트라이트를 제대로 못 받는 조연급들이다. "단 하루 영웅 노릇을 해도 좋아!"라고 외치는 것은 뽀대 나는 주인공이 아니라, 주인공 따까리도 제대로 못하는 똘마니이기 마련이다. 그러나 맹자님도 말씀하셨다. "나는 물고기도 원하고 곰 발바닥도 원한다. 둘 다는 못 먹으니까 곰 발바닥만 먹는 것이다." 둘 다 먹을 수 있다면 둘 다 먹는 것이 현명한 것 아니겠는가? 그러니까 살아서도 영웅이 될 수 있다면? 살아서 먹을 것과 잘 곳과, 그 모든 것이 생기는 내 영역표시가 가능하다면, 죽어서 되는 영웅을 누가 바라겠는가?

제(齊)·초(楚)·연(燕)·조(趙)·한(韓)·위(魏)의 여섯 나라를 차례로 물리치고 통일을 이룩한 뒤, 진시황은 "이름 있는 도시들을 무너뜨리고, 호걸과 준걸들을 죽이고, 천하의 무기를 거두어 함양에 한데 모았다[毁名城, 殺豪俊, 收天下之兵, 聚之咸陽]." 그렇다고 전국의 아비규환을 지나 진의 철혈정치를 견디는 동안, 그 많은 협들이 모두 죽어 영웅이 된 것은 아니었다. 그들은 대를 이어 협을 아비로 삼고 아들로 키우며 살아남았고, 새로운 나라를 세우는 일에 앞장섰다. 진시황이 죽고 진섭(陳涉)이 농민들을 이끌고 난을 일으키자 "효산 동쪽 땅의 호걸과 준걸들이 드디어 모두 일어나 진나라 일족을 멸하였다[山東豪俊, 遂并起而亡秦族]."[27] '호준(豪俊)'은 어떤 사람들이기에 이와 같은 일을 도모할 힘을 가졌던 것일까? 배인(裵駰)은 그 주석에서 호준의 뜻을 다음과 같이 풀이했다. "덕(德)이 만사람이 넘는 자를 준(俊), 천 사람이 넘는 자를 호(豪), 백 사람이 넘는 자를 영(英)이라고 한다." 글자 그대로 읽는다면, 호걸·준걸은 남보다 덕이 뛰어난 사람이다. 덕(德)이란 도(道)를 체득한 품성 또는 그것을 갖춘 인격을 뜻하는 말로서 매우 관념적인 개념이다. 그러나 여기서의 덕은 감각적으로 확인되지 않는 관념적인 덕을 의미하는 것이 아니다.

한대의 유협 곽해는 전국 시대의 섭정과 같은 지(帜) 땅의 사람이었다. 곽해의 명성이 워낙 뛰어났기에, 그가 집을 나서면 아무도 감히 그 앞을 가로막는 사람이 없었다. 하루는 어떤 사람이 무엄하게도 그 앞에 다리를 뻗고 앉아서 노려보며 전혀 존경을 표하지 않았다. 주위의 사람들이 분개하여 그를 죽이려 하자 곽해는 이렇게 말했다. "마을에 살면서 존경을 받지 못하게 된 것은 내 덕이 덜 닦였기 때문이다. 어찌 저 이에게 죄가 있겠나[居邑室至不見敬, 是吾德不修也, 彼何罪]?" 그리고 그의 이름을 알아오게 해서 은밀히 지방관에게 부탁을 넣었다. "저 사람은 내가 급히 부리는 사람이니 부역을 면해 주오." 여러 번 부역이 있었는데도 그 사람은 징집되지 않았다. 다리를 뻗고 앉았던 사람은 이상하게 여겨 까닭을 캐물었고, 자초지종을 알게 되자 곽해를 찾아가 용서를 빌었다. 이 이야기를 통해 알 수 있는 사실은 호준의 덕이라는 것이 결코 관념적인 이상이 아니라 물리적인 도움을 의미한다는, 그리고 그 덕이 만 사람·천 사람을 넘는 호걸·준걸에게는 그만큼의 실질적인 능력이 있었다는 점이다. 곽해의 예에서도 알 수 있듯이 호걸·준걸들의 정치적 영향력은 한이 개국한 뒤에도 상당 기간 지속되었다. 곽해가 지방 관리에게 마을 사람들의 부역을 면제해 주도록 했다는 것은 그가 그 일에 어느 정도 영향력을 행사할 수 있는 사회적 지위에 있었음을 암시한다.

무제가 임협의 혐의로 곽해를 체포했을 때, 그 식객이 곽해를 두둔하는 것을 보고 유생 한 사람이 "곽해는 오로지 나라의 법을 어기는 일만 하였는데 어찌 어질다고 말하는가[郭解

專以姦犯公法, 何謂賢]!"라고 반박하였다. 식객은 그 말을 듣자 유생을 죽이고 혀를 잘랐다. 관리는 살인의 죄를 따져 물었지만, 사실 곽해는 그 식객이 누구였는지도 알지 못했다. 그는 사람을 부린 적이 없다. 그러나 식객은 그를 위해 그 일을 했다. 부리지 않았는데도 그를 따른 것이다. 호걸·준걸은 이처럼 명령하지 않고 사람을 거느리는 통솔력(leadership)을 가진다. 그들의 통솔력은 작게는 자신이 사는 고을에 국한되었지만, 크게는 경계를 넘어서 다른 지역에까지 영향을 미쳤다. 곽해가 낙양의 분쟁을 해결한 일이나, 섬서로 옮겨갔을 때 사람들이 그와 사귀기 위해 앞 다투어 달려왔다는 사실만으로도 그의 영향력이 어떠했는지 확인할 수 있다. 그렇다면 이처럼 대중의 신임과 인망을 얻은 특별한 협, 협을 거느리는 협, 호협의 리더십은 어떻게 형성되는 것일까?

「영웅」의 이름 없는 무사는 "진나라 군대가 무적인 이유는 어떤 나라도 대적할 수 없는 사수의 용맹성과 위력 때문"이라며 강력한 군사력에 통일의 공로를 돌렸지만, 진의 통일은 군사력만으로 이루어진 것은 아니었다. 진은 법가의 주장을 빌어 일반 백성에서부터 왕족·귀족에 이르기까지 공로가 있으면 상을 주고 허물이 있으면 벌을 준다[信賞必罰]는 원칙을 무차별적으로 적용함으로써 만민평등의 이상을 내세웠다. "예로 다스림은 일반 백성에게까지 내려가지 않으며, 형으로 다스림은 대부에게까지 올라가지 않는다[禮不下庶人, 刑不上大夫]"는 것이 고대 중국의 관례였다. 다른 고대 국가들의 경우와 마찬가지로 전국 시대의 여러 나라 또한 신분과 계급에 따른 차별 통치를 당연시했다. 신분에 따라 법의 적용 또한 달랐다. 그러나 진나라는 그와 같은 신분 차별을 철폐하고 철저하게 능률 위주의 관리체제를 정비하였다. 궁극적인 목적은 제왕에 의한 완벽한 직접 통치. 그리고 그 직접 통치를 위해 빼놓을 수 없었던 것 가운데 한 가지가 십오연좌제(什伍連坐制)이다. 연좌제란 소가족 단위의 가구[家]를 중심으로 5가구[伍], 10가구[什]씩 묶어 연대적으로 사회적 책임을 지게 하는 제도이다. 같은 연대의 누군가가 죄를 저지르면 그 일을 돕거나 모른 체한 사람들 모두가 벌을 받는다. '십오연좌제' 같은 철저한 법제는 진의 멸망과 함께 역사 속에서 사라졌지만, 연대 책임의 전통은 중국 역사의 밑바닥에 보이지 않는 힘으로 깊은 뿌리를 내렸다. 괜스레 남의 일에 끼어들면 '엄하게' 피만 보게 된다, 앞뒤 안 가리고 끼어들기를 했다가는 뼈도 못 추리고 죽기 십상이다. "한 가지 일을 더하는 것은 한 가지 일을 더는 것만 못하다[多一事不如少一事]"고 했다. 웬만하면 남의 일에 끼어들지 않고 큰 소리 없이, 평탄하게 살라는 무기명(無記名)의 처세술은 그렇게 싹텄다.

끼어들기는 아무나 하는 것이 아니다. 그러나 어떤 사람들은 그런 끼어들기를 통해 사회적 영향력을 확보했다. 전문적으로 '남 일 돕기'를 업으로 삼는 사람, 바로 협이다. 한 고조유방과 같은 시대에 살았다는 주가는 협의로 이름을 날렸다. 그에게 몸을 숨겨 살아난 호걸의 수는 백여 명에 이르고, 그밖에 보통 사람들은 그 수를 헤아릴 수도 없었다[所藏活豪士以百數, 其餘庸人不可勝言]. 그 결과 함곡관(函谷關) 동쪽에서는 그와 사귀고 싶어 하지 않는 사람이 없었다. 곽해만 해도 남을 구해 줄 일이 있으면 먼저 가능한 일인지 알아보고 실행에 옮겼으며, 불가능한 경우에는 부탁한 사람에게 그 이유를 타일러 알아듣게 한 다음에야 비로소 먹을 것에 손을 대었다고 한다. 그래서 사람들은 그를 두려워하면서도 존경하고 다투어 그에게 도움을 청하거나 사귀고자 했던 것이다. 나라의 법은 작은 일에서조차 연대 책임을 지도록 하고 사회적 위반에 대해 엄격하게 추궁한다. 사람들은 자신의 안위를 돌보기에도 급급해서 남 일 따위는 알아도 모르는 척 살아갔다. 이유야 어찌 됐건 나라가 죄를 주면 처분만 기다려야 하는 마당에, 협은 도맡아 책임을 지겠다고 제 발로 나서 사람들을 숨기거나 도망시켜 주곤 했다. 살아남기 위해 무기명의 처세술을 잊지 말아야 하는 세상에서, 그들은 공공연한 반사회성으로 명예와 신망을 얻었다. 명예가 높아지고 신망이 두터워질수록 그들의 통솔력도 커져만 갔다. 이렇듯 호협의 리더십은 곧 성공적인 끼어들기의 명예와 통하는 것이었다.

곽해의 낙양 사건은 성공적인 끼어들기의 대표적인 사례라 할 수 있다. 곽해는 지금의 산동성(山東省)에 살았다. 낙양은 산서성(山西省)에 속한다. 곽해의 영향력이 행사되는 지역이 아닌 것이다. 그런데도 분쟁의 주인공들은 자기 지역의 현인·장자의 말을 듣지 않고 곽해의 '부탁'을 받아들였다. 그의 체면을 봐 준 것[賞臉]이다. 영화 「와호장룡」에서 천방지축인 옥교룡이 강호에 분란을 일으켰을 때, 꽃다운 나이의 소녀에게 아작 나도록 얻어터진 늙수레한 강호 인물들은 떼를 지어 이모백(李慕白)을 찾아온다. 그들은 스스로의 치부를 드러내면서 그녀의 일을 하소연한다. 이모백의 끼어들기로 그 분란이 해결되기를 바랐기 때문이다. 사람들의 기대에 부응하여 끼어들기에 성공해서 백 사람의 일을 해결하면 영웅이 된다. 천 사람의 일을 해결하면 호걸, 만 사람의 일을 해결하면 준걸이다. 호협의 리더십은 이렇듯 끼어들기의 성공 여부에 달려 있었다.

영웅은 소년에서 난다[英雄出少年], 소년에게 희망을

무기명의 사회에서, "한 가지 일을 더하는 것은 한 가지 일을 더는 것만 못하다"는 명철보신의 처세술이 만연하는 사회에서, 이름을 남기는[記名] 호걸이 되는 일은, 더군다나 살아 있는 영웅이 되는 것은 쉬운 일이 아니다. 살아남으려면 조용히, 최대한 큰 소리 내지 않고 사는 것이 좋다는 것이 삶의 지혜였다. 그러나 여기 아직 살아남는 지혜를 잘 모르는 소년이 있다. 하룻강아지는 범 무서운 줄 모르는 게 아닌가! 무서운 줄 몰라서 덤빌 수 있는 것이다. 범이 무서워서야 잡을 생각이 나겠는가? 범 무서운 줄 모르는 사람만이 범을 잡으러 가고, 호랑이 굴에 들어가야 호랑이를 잡는다.

김현이 그의 평론에서 밝혔듯 무협소설은 간단히 말해 "한

청년 고수가 사회생활에서 필요한 여러 가지 처세술을 배워 대협으로 커 나가는" 일종의 성장소설이다.28) 무협소설의 주인공들은 대개 고아이고 처음에는 이름이 알려지지 않은 인물이다. 그들은 어느 날 문득 강호에 나타나 보도 듣도 못했던 기이한 사건들에 휘말리게 되고, 어느 틈에 그 사건의 중심인물이 된다. 이름 없는 고아 소년은 사건의 중심인물이 되어 그것들을 해결해 나가는 과정을 통해 사회적 지위를 획득한다.

무협소설을 즐기는 독자라면 모를 수 없는 작품으로 김용의 『의천도룡기 倚天屠龍記』가 있다. 소설의 주인공은 장무기(張無忌), 아버지는 명문정파(名門正派)인 무당파의 수제자였고 어머니는 악명 높은 사교의 핵심 인물이었지만, 그 자신은 어려서 고아가 되어 이름조차 감춘 채 천하를 떠돈다. 그가 세상에 자신의 이름을 드러내는 것은 이른바 명문정파라 일컬어지는 6대 문파(소림·무당·아미·공동·화산·곤륜)와 사교 집단인 명교(明敎)의 분쟁이 극에 이른 광명정(光明頂) 사건에서이다. 부계와 모계, 정파와 사파의 이질성을 한 몸에 이어받은 그는 얼굴도 이름도 알려지지 않은 신분으로 분쟁의 중심에 등장하여 6대 문파와 명교의 인물들이 맺고 있는 오랜 원한을 불식시키고 그들을 중재하는 데 성공한다. 그리고 그 공로로 명교의 교주라는 어마어마한 지위까지 단숨에 오르게 되는 것이다. 난데없는 끼어들기에 성공함으로써 그는 잃어버렸던 혈통과 이름을 찾고 자신의 사회적 존재를 증명한 것이다.

첫 번째 끼어들기에서 그가 부모와 이름을 갖지 않은 약관의 소년이라는 사실은 매우 의미심장하다. 부모가 있다는 것은 이미 보장된 사회적 지위가 있다는 것이다. 보장된 사회적 지위가 있다는 것은 그 역할이 정해져 있다는 의미이기도 하다. 정해진 역할을 뛰어넘어 주어진 것과는 다른 지위를 획득하는 일은 매우 어렵다. 주어진 지위를 보장하는 사람들의 기대와 사람들에 의해 이미 만들어진 사회의 영향을 피할 수 없기 때문이다. 이름이 있다는 것은 더럽히지 말아야 할 명예가 있다는 뜻이다. 그 이름을 가지고 해야 할 일과 할 수 없는 일이 명확하게 있기 때문에 아무 일에나 끼어들기를 할 수가 없다. 소년은 아직 어른이 아니다. 소년에게는 져야 할 책임이 많지 않다. 어른은 책임져야 할 것이 많은 사람이다. 그것은 가족일 수도 있고, 이름일 수도 있고, 재산일 수도 있다. 책임져야 할 것이 있으면, 내 몸을 내 맘대로 쓰지 못한다. 섭정 또한 어머니가 살아 계시고 누이가 혼례를 치르기 전에는 저자에서 개 잡는 사람들 속에 숨어 살지 않았던가! 부모와 이름이 없는 소년에게는, 그래서 영웅이 될 기회가 있다.

인재강호(人在江湖), 사람이 있는 곳에 강호가 있다

"강호의 일은 명성이 2할, 실력이 2할, 나머지 6할은 흑백
양도의 친구들이 체면을 봐 주는 것에 의지해야 한다."
[江湖上的事, 名頭占了兩成, 功夫占了兩成,
餘下的六成, 却要靠黑白兩道的朋友們賞臉了.]
김용, 『소오강호』 중에서.

바람처럼 구름처럼 떠도는 유협, 산처럼 우뚝 솟아 수많은
협을 거느리고 부리는 호협, 그들은 대체 어디에 살고 있을까?
인재강호(人在江湖)란 말이 있다. 있는 그대로 옮겨 적자면
"사람이 강호에 있다", 바꾸어 말하면 "그들은 강호에 산다"

는 뜻이다. 그렇다. 그들은 강호에 산다. 그래서 스스로를 강호인(江湖人)이라 부르고, 그들의 친구들은 그들을 일러 강호 친구들이라 한다. 그렇다면 강호는 어디에 있는 것인가?

공간들, 이야기의 중심

시간성을 강조하는 서구의 이야기(narrative)들에 비해 중국의 이야기들에서는 공간이 많은 것을 결정한다. 중국식으로 조금 과장되게 말하면, 사람들은 정해진 장소에서 정해진 것 이상의 행동을 하지 않고, 하나의 사건은 그것이 일어날 수 있는 배경을 떠나서는 이야기될 수 없다. 배경의 결정은 곧 사건의 결정인 것이다. 그러므로 신의를 지켜 이름을 날리고 끼어들기로 인망을 얻는 협들의 이야기는 협이 사는 곳, 강호에서 시작되고 강호에서 끝난다.

아련한 물안개가 피어오르는 강과 호수를 배경으로, 말고삐를 잡은 장년의 남자가 느긋한 걸음걸이로 둑 위를 걷고 있다. 하늘은 푸르고, 희게 바른 벽 위로는 검은 기와가 선명하다. 부지런히 물건을 날라 수레 위에 짐을 싣는 인부들을 감독하던 한 남자가 손에 든 곰방대를 입으로 가져가다 멀리 둑 위로 걸어오는 사람과 말을 발견한다. "이 나으리가 오시는군[李爺來啦]!" 영화 「와호장룡」은 무당산(武當山)을 떠나 웅원표국(雄遠鏢局)을 찾아오는 이모백의 출현으로 시작한다. 웅원표국의 주인인 유수련은 이모백의 청명검과 함께 표물을 운반하여 북경의 패륵부(貝勒府)로 떠나는데, 이곳은 영화의 주요한 사건이 벌어지는 곳이다. 여기서 수련은 북경 수비를 담당하고 있는 옥대인의 무남독녀 교룡과 만나게 된다. 옥교룡이 연인인 나소호와 만나는 곳은 부친의 전 임지였던 신강(新疆)이다. 연인의 결혼 소식을 들은 나소호는 북경으로 그녀를 찾아오고 이모백과 유수련은 이성을 잃은 그를 설득해서 무당산으로 보낸다. 한편 결혼식 당일 도망친 옥교룡은 남장을 하고 강호를 떠돌게 된다. 이모백의 청명검을 본 강호 인물들은 옥교룡에게 시비를 걸고, 그들이 한데 모인 객잔(客棧) 취성루(聚星樓)에서는 큰 싸움이 벌어진다. 옥교룡의 사부인 벽안호리와 이모백이 죽은 뒤, 수련은 교룡을 무당산으로 보낸다. 나소호가 거기서 그녀를 기다리고 있기 때문이다. 가냘픈 몸매의 소녀가 봇짐을 지고 구름 위까지 이어져 있는 아득한 계단을 위태롭게 밟고 올라간다. 가파른 계단은 안개에 가려 보일 듯 말 듯하고, 기어오르듯 산을 타는 소녀의 뒷모습은 절벽 끝에 피어난 들꽃처럼 아슬하다. 그녀가 생의 마지막에 이른 곳은 무당파의 근거지인 자소궁(紫霄宮)이다. 이처럼 이야기의 중심이 되는 장소들을 따라갈 때, 영화 「와호장룡」은 무당산에서 시작해서 강남의 표국, 북경 패륵부, 서쪽 변방의 신강, 번화한 성시(城市)의 객잔 그리고 다시 무당산 자소궁으로 끝을 맺는 한 편의 기나긴 여정이다.

무당산 자소궁

무당파의 본거(本居)인 무당산은 소림파의 숭산(崇山)·아미파의 아미산(峨眉山)·공동파의 공동산(崆峒山)·화산파의 화산(華山)·곤륜파의 곤륜산(崑崙山) 등과 더불어 무학 수련의 학습장이다. 이곳은 협을 거두고 키워서 세상에 내보내는 산실(産室)인 동시에 그들이 돌아가 몸을 쉬는 은거(隱居)이기도 하다. 말하자면 아직 세상에 모습을 드러내지 않은 영웅들[臥虎藏龍]이 깃들어 있는 무림(武林)의 요람인 것이다. 거의 모든 무협소설에서 소림과 무당은 무림의 '양대 태두(兩大 泰斗)'라 불린다. 불가의 무학과 도가의 무학, 또는 근력을 중시하는 외가 공부와 내력을 중시하는 내가 공부, 무학의 두 가지 근원을 가르치고 배우는 곳이기 때문이다. 무림을 정파(正派)와 사파(邪派)로 구분할 때, 정파 중의 정파로 손꼽히는 것이 무당과 소림이다. 그 중에서도 무당은 '부드러움으로 강함을 이기고[以柔克剛]' '비어 있음을 써서 꽉 찬 것을 누르며[運虛禦實]' '움직이지 않음으로 움직임을 제어하는[以靜制動]' 도가의 원리를 운용하여 "강한 자가 반드시 이기는" 무림의 법칙을 완전히 뒤집는 음유(陰柔)한 무학을 형성한다. 이는 소림의 양강(陽剛)한 무학에 대(對)를 이루는 것이다.29)

웅원표국

표(鏢)라는 것은 고대 중국에서 객상(客商)이 맡긴 물건이나 금전을 안전하게 보관하거나 운반해 주던 일 또는 그 물건을 뜻한다. 표국은 일종의 운송업소로 주로 산동(山東) 사람에 의해 경영되었는데, 각지의 강도들과 연계를 갖고 금품을 제공하여 안전을 꾀하는 동시에 표사(鏢師)·보표(保鏢) 등으로 불리는 경호원을 고용하여 맡은 물건을 호송했다고 한다. 대부분의 무협소설에서 표사나 보표의 무공은 그다지 뛰어나지 않은 것으로 그려진다. 그러나 실제로 중국과 같은 문사의 나라에서, 표국은 무학을 전공한 사람들이 장수(將帥)나 포교(捕校) 등 국가 공무원이 되지 않는 한 합법적으로 찾을 수 있는 가장 안정적인 직장이었을 것이다. 표사의 업무는 다른 사람들이 피하는, 하기 힘든 일을 대신 맡아주는 협의 본래 소임에 가까운 것이기 때문이다.

북경 패륵부

청대(淸代)의 패륵은 친왕(親王)의 아들을 일컫는 말로, 황실에 비교적 가까운 종친(宗親)이다. 영화 「와호장룡」 속의 패륵은 고위 관료인 것이다. 그가 정무(政務)에 관여한다는 사실은 "공무로 바쁘신 분께 폐를 끼쳐서는 안 된다"는 수련의 언급을 통해서도 알 수 있고, 북경의 수비를 맡은 옥교룡의 부친과 그가 나누는 이야기 속에서도 암시된다. 패륵부는 무협을 다루는 고대의 기록들, 특히 사전(史傳)이나 공안(公案)[30] 등의 장르에서 주요하게 다뤄지는 공간적 배경인 관아(官衙)를 대표한다. 사적 공간과 공적 공간이 엄격하게 분리되지 않았던 고대 중국의 생활양식에 비추어, 고위 관료인 패륵의 저

택 또한 관청의 일부로 파악될 수 있는 것이다. 더욱이 패륵부가 수도인 북경에 위치하기 때문에, 어떤 의미에서 그것은 중앙정부 자체를 상징하기도 한다. 중국 전통에서 조정(朝廷)이라 불리는 중앙정부는 극적 대비를 이루는 양면성을 지닌다. 충신과 간신, 공평무사(公平無私)의 심지를 지키는 청리(淸吏)와 가렴주구(苛斂誅求)를 일삼는 탁리(濁吏)가 공존하는 공간. 거기에는 목숨을 걸고 지켜야 할 충성의 대상과, 나라와 백성을 위해 제거해야 마땅한 사회악이 혼재한다.

신강

고대 중국에서 신강(新疆)은 변경을 대표하는 지명이었다. 험난한 지형과 척박한 지질은 그곳을 마적 떼가 들끓는 살기 힘든 곳으로 인상짓는다. 정부에 반대하거나 법을 어긴 반사회적 인물들이 귀양을 가거나 도피처로 삼는 것도 이곳이었다. 따라서 서북의 변경 지역은 외적의 침입이 빈번할 뿐 아니라 대규모의 민란 등 왕조의 기틀을 무너뜨리는 사건의 진원지가 되었다. 이른바 녹림(綠林)이라고 할 수 있는데, 녹림이라는 말은 원래 전한을 멸망시킨 왕망과 연관된다. 왕망은 새로운 나라[新]를 세우고 토지제도와 신분제도, 세제 등 사회 전반에 걸쳐 개혁을 시도하였으나 모두 실패했다. 토지를 잃은 농민들은 노예가 되거나 개척되지 않은 산간 지대로 도망쳐 도적질로 연명했다. 이러한 혼란 속에서 서북 변경의 농민들이 폭동을 일으키자 이를 계기로 전국 각지에서 대규모의 반란이 잇따랐다. 그 중에서도 지금의 호북성(湖北省) 당양현(當陽縣)의 녹림산(綠林山)에 근거지를 둔 도적의 무리는 스스로를 '녹림지병(綠林之兵)'이라 일컬으며 관아의 창고까지 닥치는 대로 털었다. 그 후 녹림의 무리는 5만을 헤아리는 거대한 세력으로 성장했고, 후한(後漢)을 세운 광무제(光武帝) 유수(劉秀)는 이들을 이용하여 왕망의 나라를 무너뜨리는 데 성공했다. 이런 까닭에 중국적 전통에서 녹림은 광범위하게 도적의 은신처를 지칭한다. 영화 속에서 옥교룡의 연인인 나소호는 '반천운(半天雲)'이라는 별명을 가진 마적 떼의 두목이다. 신강은 변경과 녹림을 의미하는 전형적인 무협의 무대가 된다.

객잔 취성루

무협소설이나 영화에는 객잔이라 불리는 공간이 반드시 등장한다. 아예 제목이 객잔인 경우도 있다. 「용문객잔 龍門客棧」이나 「화평반점 和平飯店」이 대표적인 예이다. 객잔이 사건의 주요 무대가 될 경우, 객잔 주인들은 대개 강호에서 물러난 왕년의 실력자이거나 실력을 감추고 있는 숨겨진 고수인 경우가 많다. 그들이 본 모습을 드러내면 객잔은 돌연 피비린내 나는 싸움터로 변하고 만다. 아예 초토화되어서 다시는 영업을 못하게 되는 일도 있다. 객잔은 원래 간단한 창고업이나 운수업을 겸하기도 하는 숙박업소이다. 물론 식사와 음료도 제공한다. 먹을 것이 있고, 잘 곳이 있기에 객잔에는 사람들이 모인다. 명문세가의 유협 공자일 수도 있고, 무림정파 문하의 제자일 수도 있고, 진귀한 표물 호송의 임무를 맡은 보표일 수도 있고, 염탐을 나온 산채의 정탐군일 수도 있고, 수배범을 쫓는 관아의 포교 나리일 수도 있다. 말하자면 객잔은 집을 떠나 먼 길을 나선 온갖 사람들이 모이는 곳이다. 온갖 사람들이 모이다 보니 소문도 한데 모인다. 사람들이 모이면 말이 많아지고 말이 오가다 보면 쉽사리 시비가 붙기 마련이다. 시비가 붙어 실랑이를 하다 보면 주먹다짐을 할 수도 있다. 말을 나누는 사람이 '남 일에 끼어들기 잘하고 시비를 일으키는[多關閑事惹是非]' 본색을 가진 협이라면 십중팔구 한바탕 싸움판이 벌어진다. 저렇듯 매일같이 시비 붙고 싸움이 벌어져서야 도대체 장사는 어떻게 하나, 보는 사람이 지레 걱정이 될 정도다. 화면에 객잔이 비춰지면, 아예 다음에 벌어질 한판 승부가 기대되기도 한다. 옥교룡의 화려한 강호 데뷔가 이루어지는 곳도 '별들이 모이는 주루[聚星樓]'가 아니던가! 정처 없이 떠도는 유협에게 객잔은 몸을 눕히고 배를 채울 수 있을 뿐 아니라 얻고자 하는 모든 정보가 예치되어 있는 은행 금고와 같다. 정보를 캐내려면 물론 대가가 필요한 법이지만.

강호, 협들의 네트워크

그들은 말한다. "강호에 나선다[出江湖]" "강호를 떠돈다[走江湖]" "강호에서 물러난다[退江湖]"라고. 그런데, 그래서, 그 '강호'라는 것이 대체 어디 있다고? 무당산 자소궁에? 아니면 웅원표국에? 그도 아니면 북경 패륵부? 신강에? 다 아니라면 수많은 별들이 한데 모인다는 객잔 취성루에 있는가? 협이 사는 곳, 강호. 그들이 강호에 산다는 것은 분명한 사실이다. 그러나 그곳은 어떤 지도를 뒤져도 등장하지 않는다. 무당산, 웅원표국, 북경 패륵부, 신강, 취성루는 찾을 수 있어도 강호는 없다. 그러면 강호는 대체 어디에 있는 것일까?

사전을 뒤져 보건대, 강호(江湖)라는 말에는 대략 다음과 같은 뜻이 있다.

> 1) 강과 호수[江河湖海]. 2) 온 데[四方各處]. 3) 은사의 거처. 4) 온 데를 떠돌면서 기예·약 등을 팔거나 점을 보며 생활하는 것 또는 그런 사람.

중국은 거대한 대륙이다. 그 사람들이 가장 자주, 입버릇처럼 되뇌는 말 가운데 하나는 이런 것이다. "중국은 사람 많고 땅덩어리 크다[中國, 人多, 地方大]." 국토의 2/3가 산지라고 하는 한국에 비하면 온 데가 평지 같지만, 땅이 워낙 크다 보니 험한 산도 몇 배는 많고 높기도 몇 배씩 높다. 자동차도 아니고, 기차도 아니고, 비행기는 더욱더 아니고 기껏해야 말을 타거나 수레를 끌어서 움직인다고 해도 땅 위에는 가로막는 장애물이 너무 많았다. 그에 비해 강과 호수의 물길은 서북의 산꼭대기부터 동남의 바닷가 모래밭에 이르기까지 막힘없이 이어져 그 편리함이 육로에 비할 바가 아니다. 급류의 위험함을 감수한다 하더라도. 강의 지류가 거미줄처럼 어지럽게 펼쳐져 있는 장강(長江) 하류, 강남(江南) 지역에서는 더 더욱 그랬다. 수(隋) 양제(煬帝)가 국고 탕진의 치명상을 무릅쓰고 대운하(大運河)를 개통한 것도 그 편리함을 저버릴 수 없었기 때문이다. 길이 막히면 사람들의 왕래가 끊긴다. 길은 사람과 사람의 관계를 맺어주는 전제가 된다. 그리고 강과 호수는 길이었다. 길은 온 데로 이어지고, 사람들은 길을 따라서 온 데를 다 갈 수가 있었다. 그것이 바로 강호다.

북경 패륵부, 패륵의 서재에서 웅원표국의 유수련은 옥부의 천금소저(千金小姐) 교룡을 만난다. 신강에서 북경으로 막 돌아온 소녀는 자유에의 희망과 원치 않는 혼례라는 현실 사이에서 갈등하며 강호를 동경한다. 그녀에게 강호는 자유의 상징이기 때문이다. 같은 이유로 그녀는 수련을 동경한다. 일이 있는 곳이라면 어디라도 길을 떠나는 수련의 모습이 책에서나 읽었던 강호 영웅처럼 보이는 까닭이다. 그녀의 사부인 벽안호리(碧眼狐狸)는 "골치 아픈 사람을 찾아가면 골치 아픈 일이 생긴다[找麻煩家, 就成麻煩]"며 수련과 가까워지는 것을 경계하지만, 옥교룡은 듣지 않는다. 계속해서 유수련과 만나고, 청명검을 훔치고, 이모백과 다투는 과정을 통해, 그녀는 강호에서 벌어지는 일련의 사건에 연루된다. 자신도 모르는 사이, 그녀는 그토록 동경하던 강호로 들어선 것이다. 나는 달라진 게 없는데. 어느새 어제까지 알던 것과는 또 다른 세상, 책 속에나 있는 줄 알았던 세상의 한복판에 서 있다. 굳이 또

다른 세상을 찾아간 것도 아닌데. 다만 새로운 사람을 만나고 그와 사귀었을 뿐인데. 수련과 관계를 맺고 그녀의 삶에 끼어 든 순간, 세상 물정 모르던 천금소저는 파란(波瀾) 많은 강호 에 발을 딛는다. 강호인을 만나 그와 관계를 맺고 그들의 삶의 방식에 동화하는 순간, 나 또한 강호인이 되는 것이다. 그들은 강호에 산다[人在江湖]. 그러나 역설적이게도, 강호인지 아닌 지를 결정하는 것은 공간이 아니라 사람이다. "사람이 있는 곳에 강호가 있다[人在, 有江湖]."

강호는 무당산에 있는 것도 아니고, 북경에 있는 것도 아니 다. 신강에 있는 것도 아니며, 표국이나 저자의 객잔에 있는 것도 아니다. 그러나 또한 그와 동시에, 그 모든 곳에 강호가 있다. 강호의 존재를 결정하는 것은 물리적인 공간이 아니라 그 공간에 거처하는 사람이기 때문이다. 강호는 길이다. 그러 나 그것은 강남의 평원을 도도히 넘쳐흐르는 강과 호수의 길 이 아니라, 협과 협, 강호에 사는 사람과 사람을 연결하는 길, 그들의 네트워크이다. 무협의 공간들은 그 네트워크의 결절지 (結節地)인 것이다.

사람이 강호에 있으면[人在江湖]

김용의 소설 『소오강호』에서 복위표국(福威標局)의 총표두 (總鏢頭) 임진남(林震南)은 아들 임평지(林平之)에게 표국의 일을 가르치며 이렇게 말한다. "강호의 일은 명성이 2할, 실력이 2할, 나머지 6할은 흑백 양도의 친구들이 체면을 봐 주는 것에 의지해야 한다."

협은 행위로 존재를 증명하고 자기 존재의 증명을 통해 이름을 얻는다. 그런데 협이 사는 강호에서의 일은 이름이 2할, 실력이 2할이라니? 예양과 섭정의 '존재를 바친 노력'은 살아가는 데 필요한 전부 중 겨우 4할에 불과한 것이다. 나머지 6할은 친구들이 그 체면을 봐 주느냐 아니냐에 달렸다. 체면을 봐 준다는 것은 무엇인가? 곽해의 낙양 사건을 기억해 보자. 낙양에 원한을 맺은 사람들이 있었다. 낙양의 호협들이 화해를 권했지만, 그들은 그 말을 듣지 않았다. 그들의 체면을 봐주지 않은 것이다. 그러나 곽해가 그들을 찾아갔을 때, 그들은 그 권유를 받아들였다. 그의 체면을 봐 주지 않을 수 없었기 때문이다. 누군가의 체면을 봐 준다는 것은 그의 사회적 지위와 역할에 적합한 대우를 해주는 것이다. 그것을 무시한다는 것은 무시받은 사람의 앙갚음을 감수하겠다는 뜻이 된다. 더 나아가 그것은 그 자신뿐 아니라 그의 체면을 봐 주는, 그를 인정하는 사람들과 등을 지겠다는 의미가 된다. 원수를 진 사람들이 낙양 호협들의 권유를 받아들이지 않은 것은 낙양 땅을 떠날지언정 복수를 포기할 수 없었기 때문이다. 나중에 그들이 곽해의 말을 들은 것은 산동에서 산서까지 또는 섬서까지 교우관계를 가지고 있는 그의 체면을 무시할 수 없었기 때문이다. 누군가의 얼굴을 봐 준다는 것은 그가 가진 영향력을 인정하고 나의 체면을 인정받겠다는 상호 긍정의 제스처이기도 하다. 낙양을 떠나면서 곽해는 그 일을 낙양 호협이 해결한 것으로 해달라고 부탁한다. 낙양 호협들의 체면을 생각했기 때문이다. 협이란 별나게 자존을 내세우는 존재다. 강호란 그런 인물들이 넘쳐나는 곳이다. 유별난 자존을 내세우며 아무데나 끼어들어 시비를 따지는 협들이 모여 함께 살자면 나름대로의 불문율이 필요했을 것이다. 바로 체면 봐 주기[賞臉]이다. 서로의 체면을 봐 주면서 불필요한 분쟁을 피한다. 강호일의 6할이 여기에 달려 있다.

흑도(黑道)는 무엇이고, 백도(白道)는 무엇인가? 두말 하지 않아도 흰 것은 좋은 것이고 검은 것은 나쁜 것이다. 좀더 구체적으로 말하면 백도는 법과 도리를 어기지 않는 길이고, 흑도는 법과 도리를 어기는 길, 범죄의 길이다. 그런데 복위표국의 총표두는 '흑백 양도의 친구'라는 말을 쓴다. 범죄자들과도 친구가 될 수 있는가? 결론부터 말하자면, 그렇다. 호협의 명예와 신망이란 원래 공공연한 반사회적인 행위로 얻어지는 게 아니던가! 조정의 관리도 청리·탁리가 있는데, 녹림의 괴수라고 협의지사가 없을까? 강호에서 흑도·백도의 구분보다 중요한 것은 개인적인 신의이다. 신의를 지킬 줄 알고 체면을 세워 줄 줄 알면, 흑도 사람도 백도 사람만 못할 게 없다. 나의 체면을 어떻게 봐 주느냐에 따라 백이 흑이 되고 흑이 백이 될 수도 있다. 그것이 음양의 이치가 아니겠는가? 흑과 백, 정과 사를 막론하고 강호의 일은 서로의 '체면을 봐 주는' 것으로 시작한다. 내가 저를 봐 줘야 저도 나를 봐 준다. 그가 나를 봐 주지 않으면 나 역시 그의 체면을 봐 줄 필요가 없다. 강호의 삶은 이렇듯 서로 알아서 봐 주는 관계로 실타래처럼 얽혀 있는 것이다.

  "그들은 강호에 산다[人在江湖]"라는 말은 끝이 다 맺어진 말이 아니다. 칼에도 짝이 있는데, 한마디 말에 짝이 없을 리 있나! 그 뒷말은 이런 것이다. "제 몸을 마음대로 할 수 없다[身不由己]." 무당산을 내려와 응원표국을 찾아온 이모백은 수련에게 자신의 장래 계획을 은밀히 털어놓는다. "강호에서 물러날 생각이오[退出江湖]." 그래서 그는 평생을 같이해 온 청명검을 북경의 패륵부로 떠나보내고 벽안호리에게 암살당한 사부의 묘에 하직 인사를 한다. 강호를 떠나기 위해. 그러나 그 후 모백은 교룡이 훔쳐간 청명검을 되찾고, 그녀를 제자로 받기 위해 뒤를 쫓다가, 마찬가지로 벽안호리의 독침을 맞고 죽음에 이른다. 그토록 떠나고 싶어 했건만, 결국 한 발도 벗어나지 못한 채 죽음을 맞은 것이다. 발을 딛지 않으면 어디도 강호가 아니지만, 한 번 발을 디딘 이상 온 데를 둘러보아도 강호 아닌 곳이 없다[四顧張望, 無非江湖]. 실타래처럼 얽혀 있는 사람과 사람의 관계는 풀래야 풀 수도 없고 끊으래야 끊을 수도 없는 것이다. 그가 강호에 살아 있는 한. 금분세수(金盆洗手)[31]의 비극이 종종 나타나는 것은 그 때문이다. 사람이 강호에 있으면, 제 몸을 마음대로 할 수 없다.

살아 있는 전설, 무협

나른한 토요일 오후, 써 내려가다 막힌 글을 핑계로 TV를 튼다. 어두운 조명, 나른한 재즈가 흐르는 술집. 파나마모자를 눌러쓴 인상파 남자가 건너편 테이블에 앉아 있는 표정 없는 미남자를 노려보고 있다. 무표정한 미남은 마주하면 데일 듯한 뜨거운 그 시선을 모른 척하고 있지만, 내심 그를 의식하고 있는 눈치다. 그들 사이에 흐르는 서늘하고도 미묘한 공기 때문에 나른한 음악은 어느새 들리지 않고, 나는 해야 할 일도 잊은 채 TV 속에 빠져들었다.[32] 모든 사건이 끝났다. 영화의 마지막은 다시 제자리, 어두운 조명, 나른한 재즈가 흐르는 그 술집이다. 술집의 선반 위에는 아까 그 두 남자의 이름이 적힌 와인이 한 병 놓여 있고 사람들은 그 한 병의 술에 대한 이야기를 나눈다. "저게 잭과 차우의 술이야." "그건 페이와 아추가 다 마셨다고 하던 걸." "그건 가짜야. 내가 이 집 주인에게 들었는데 말이지. 그때 그 술은 감춰 놓고 다른 술을 준 거래." 지나간 사건은 사람들의 회상 속에서, 그들이 전하는 말 속에서 이야기가 된다. 그것이 꾸스(故事)이다.

이야기[故事], 사실보다 더 사실적인

유별난 자존을 가진 인물인 협이 있고, 자기 존재를 증명하려는 그의 행위와, 그로 인해 일어나는 갖가지 사건이 있고, 그 사건이 일어난 공간적 배경인 동시에 그 사건의 전말을 퍼뜨리는 완전한 유통망으로서의 강호가 있다. 무용(武勇)과 신의(信義)가 뛰어난 협의 일거수일투족은 이처럼 사람들의 입을 통해 하나의 사건에서 완전한 '이야기'로 탈바꿈한다. 중국어로 '이야기'를 의미하는 '꾸스(故事)'라는 단어는 매우 흥미로운 사실을 시사해 준다. 글자 그대로 옮겨 적으면, 꾸스는 '옛일'이다. 오래된 사건들은 언제나 이야기 '거리'를 제공하고, 그 자체로 이야기가 되며, 사람들은 자기가 아는 바, 바라는 바에 따라 더하거나 빼면서 그것을 전한다. 작가(作家) 개념이 모호한 중국에서 가공되지 않은 '사건'은 전해지는 말[傳說], 단순한 소문을 통해서 그대로 '이야기'가 된다.

사건은 "~카더라"라고 하는 들은 말[所聞]을 통해 퍼져 나간다. 소문은 사건의 진실성을 보장하기 위해 언제나 증거를

수반한다. 잭과 차우의 술병 같은 것. 사건이 이야기가 되는 순간, 중요해지는 리얼리티는 사건의 실제성이 아니라 이야기의 핍진성(逼眞性)이다. 얼마나 실감나느냐 하는 것. 이야기가 실감나게 될수록 사건은 사실에 가까워진다. 『사기』의 오래된 기록이 아직도 생생한 역사로 남는 것은 그 사실의 실제성 때문이 아니라, 『사기』 「열전」에 실린 글의 핍진성 때문이다. 말은 꾸며야 오래간다고 성인(聖人)께서도 말씀하셨다.33) 일단 리얼리티가 보장되고 나면, 그 이야기는 원래의 사건보다 더 진실한 것이 된다. 진짜로 인정받은 것은 진짜로 전해진다. 오래 전해진 것은 결국 진짜가 되는 것이다.

무협은 어떻게 경험되는 것일까? 모든 사람이 사건의 중심 인물로서 그것을 직접 경험하는 것은 아니다. 대부분의 사람들은 그것을 간접적으로, 이야기를 통해서 경험한다. 재미있는 것은, 이야기를 통해 받아들인 경험이 실제의 경험보다 더 실감날 수도 있다는 점이다. 옥교룡과 유수련의 첫 만남을 기억해 보자. 신의가 없으면 강호에서 버틸 수 없다고 경고하는 수련에게 교룡은 질 수 없다는 듯 말대꾸한다. "하지만 저도 책에서 읽었는데요, 자유롭게 다니며 누구라도 마음에 들지 않으면 싸운다죠?" 교룡은 실제의 사건을 부정하고, 책에서 읽은 이야기의 진실을 주장한다. 간접적으로 경험한 것이 그것을 일상으로 삼고 살아가는 사람의 직접 경험보다 더욱 실감난다. 진짜가 가짜가 되고 가짜가 진짜가 되는[眞眞假假] 순간이다. 수련 역시 그녀의 말을 굳이 부정하지는 않는다. 그저 "책의 끝을 알면 재미가 없겠지"라는 담담한 미소로 그 말을 끌어안을 따름이다. 직접적으로든 간접적으로든 그 사건을 경험하고 자기 것으로 받아들인 사람들에게, 무협은 실제세계(real world)보다 더욱 실감나는(real) 현실세계(realistic world)이다.

남은 이야기 : 장르들

중국의 역사에서 무협은 분명 지워진 반쪽이다. 글 쓰는 선비들이 다스리는 나라에서 역사는 그들의 손으로 씌어지고 남겨지기 때문이다. 그러나 지워진 역사는 지워진 것일 뿐, 완전히 사라진 것이 아니다. 사마천에 의해 기록된 협의 역사는 사람들의 말을 통해 전해지고, 들리고, 퍼져 나갔다. 역사는 이야기꾼들에 의해 연의(演義, 역사적 사실에 근거한 이야기)가 되고, 시인에게 가서 시(詩)가 되고, 배우에게 가서는 희극(戲劇)이 되었다. 이야기는 다시 소설이 되고, 시는 노래가 되고, 희극은 화극(話劇, 중국의 전통적인 무대극과 구별하여 대사가 위주인 현대적인 극)이 되고, 영화가 되고, 게임이 된다. 이처럼 중국의 어떤 문화 장르를 헤집고 들어가도 거기에는 무협이라는 핵(核)이 남는다.

2000년 여름, 영화 「와호장룡」의 돌풍이 세계를 휩쓰는 동안, 공전절후(空前絕後)의 무협 대가 김용 선생은 다음과 같은 말씀을 남겼다. "무협소설에는 미래가 없다[武俠小說沒前途]." 중국 고대의 역사와 문화에 대한 이해는 적어지고 있으며, 사람들은 새로운 문물의 섭취에 더욱 골몰하기 때문에, 무협소설에 대한 흥미 또한 따라서 적어진다는 것이 그 이유였다. 납득이 가는 말씀이다. 하기야 대가의 말씀인데 일리가 없을 리 없다. 분명 김용이나 양우생의 소설과 같이 고대 중국에 대한 깊은 이해가 있는 작품은 더 이상 나오지 않을지 모른다. 사람들은 고대로부터 점점 멀어지고 있기 때문이다. 달리 '공전절후'라고 하겠는가! 그러나 무협소설은 무협의 전부가 아니다. 김용의 『소오강호』만 '소오강호'가 아니라 서극(徐克)의 「소오강호」도 '소오강호'다. 정소동(程小東)의 「동방불패 東方不敗」만 무협이 아니라 왕가위(王家衛)의 「동사서독 東邪西毒」도 무협이다. 그 안에 협이라는 인간이 살아 있기 때문이다. 무엇보다 협은 인간이다. 조금 유별난 인간이기는 해도, 사람이 살아 있는 한, 그 속에는 협도 살아 있다.

1) 2003년 4월 1일 만우절, 장국영의 비보는 그렇게 거짓말처럼 들려왔다. 마치 오래 사귄 친구의 죽음처럼 믿어지지 않는 상실감은 홍콩영화의 물결이 아시아를 뒤덮었던 1980년대, 그가 그 꽃 같은 청춘의 한 시절로 남아 있기 때문일 것이다.

2) CC TV가 어마어마한 규모의 물적·인적 자원을 투자하여 제작한 「소오강호」는 이미 중국어권의 여러 지역에서 거듭 TV 시리즈로 제작된 바 있는 작품이다. 1984년 홍콩 TVB, 1985년 대만 TST, 1996년 홍콩의 TVB, 1999년 대만 CTV, 2000년 싱가포르 TCS 등. 「의천도룡기 倚天屠龍記」「신조협려 神雕俠侶」「사조영웅전 射雕英傳」 같은 작품도 마찬가지이다. 김용 소설의 주인공이 된다는 것은 그 자체로 스타라는 공인이기도 하다. 주윤발, 장국영, 유덕화, 양조위……. 홍콩영화를 좋아하지 않더라도 익히 이름을 알 만한 배우들은 모두 적어도 한 번 정도는 김용의 작품에 출연한 바 있다.

3) 쌍(雙)은 똑같은 것이 짝을 이루는 것이고, 대(對)는 서로 다른, 대체로 상반되는 것이 짝을 이루는 것이다. 남과 여, 음과 양이 그 대표적인 예이다. 세상의 모든 것은 짝이 있다. 언뜻 보기에는 달라 보여도, 당연히 어울릴 만한 나머지 한쪽이 반드시 있다. 짝이 없으면 완전하게 이루어진[完成] 것이 아니다.

4) 음양의 이원론은 플라톤까지 거슬러 올라가는 서구의 이분법과는 다르다. 그것은 서로 침범할 수도 없고 융화할 수도 없는 간극을 지닌 확고부동한 두 개의 존재가 아니라, 우리가 살고 있고 알고 있는 '한 세계의 두 가지 상대되는 힘'일 따름이다. 이에 대해 이정우는 "음양은 존재가 아니라 양태"(『접힘과 펼쳐짐 : 라이프니츠, 현대과학, 易』, 거름, 2000)라는 말로 설명하였다.

5) 전국 말기에 이미 음양가는 일부의 유가와 혼합되는 경향을 보였으며, 전한(前漢)의 경학 대가[經師]들, 특히 금문학파(今文學派)의 '작은 말에도 큰 뜻이 깃들어 있다[微言大義]'는 식의 경전 해석은 기본적으로 음양가의 학설에 의지

했다.

6) 千仁錫은 「陰陽五行說의 起源에 關한 一考」에서 도가와 유가, 음양가의 사상을 이와 같이 정의했다.

7) 고조 유방을 비롯해 한 왕조 개국의 실질적 주인공들은 진 왕조 말기에 중국 각지에서 독립적인 무장 세력을 통솔하던 '유협호걸(遊俠豪傑)'들이었다. 진의 멸망과 한의 건국에 이르는 시기에 이들의 사회적 역할에 대해서는 鄭夏賢, 「戰國末-漢初의 鄕村사회와 豪傑」(『고대 중국의 이해 3』, 지식산업사, 1997)과 같은 논문을 참조할 수 있다.

8) 누군가를 위해 힘써 일하였어도 쓸모가 없어지면 결국 제거되는 운명에 처한다는 '토사구팽'의 고사 성어는 원래 "교활한 토끼가 죽으니 사냥개는 삶겨지고, 높이 나는 새가 사라지니 좋은 활도 내버려진다[狡兔死而走狗烹, 飛鳥盡而良弓藏]"는 대구에서 나온 것으로, 한의 개국에 가장 결정적인 역할을 담당했던 한신(韓信)이 반란의 죄명으로 한 고조에게 제거당하는 과정에서 유명해진 말이다.

9) 협(俠)과 유(儒)의 정신과 중국문화의 상관관계에 대해서는 陳山의 『中國武俠史』(姜鳳求 옮김, 東文選, 1997)를 참조할 것.

10) 한국에서 신봉되고 있는 유학은 사실 공자의 학설이라기보다는 송대(宋代)의 성리학(性理學), 그것도 남송(南宋)의 주희(朱熹)가 주창한 주자학(朱子學)을 정통으로 삼는다. 유가의 여러 학설 가운데에서도 주자학은 특히 명분과 당위에 가장 집착하는 경향이 있다.

11) 유방이 "말 위에서 천하를 얻었다"라고 자부할 때, 공자의 학설에 근간한 문치(文治)를 주장하던 유생 육가(陸賈)는 "말 위에서 천하를 얻을 수는 있어도, 말 위에서 천하를 다스릴 수는 없다"라고 간언하였다. 천하의 주인이 된 한 고조는 자신과 함께 왕조를 개창한 개국 공신들이 보유하고 있는 군사력의 위협을 깨닫자 곧 태도를 바꾸어 한때 그가 경멸해 마지않던 문약한 서생들의 간언을 받아들이고 자신의 조력자들을 제거하기 시작했다.

12) 같은 글에 대하여 국역본 『論語集註』는 "그림 그리는 일은 흰 비단을 마련하는 것보다 뒤에 하는 것이다"라고 해석하고 있다. 유가의 학설에 대한 중국과 한국의 차이를 여실히 보

여주는 부분이라 하겠다. 成百曉 譯註, 「八佾」(『論語集註』, 傳統文化硏究會, 1998(1990)), p.55.

13) 魯迅, 「벼린 검」(『노신전집 1』, 李哲俊 옮김, 여강출판사, 1994(1992)), pp.390-392. 이 책은 북경 民族出版社에서 한글본으로 간행된 것을 영인·출판한 것으로 맞춤법이 현행 한글 표기법과 다소 차이가 있다.

14) "길손은 베여온 머리를 큰 바리에 넣고 삶으라고 하였는데 밤낮 사흘을 삶아도 머리가 춤을 추며 익지 않았다. 임금이 그 말을 듣고 구경을 갔을 때 길손이 수컴으로 임금의 머리를 베여 바리에 넣고 또 자기의 머리까지 베여 바리에 넣었다. 세 머리가 다 익은 다음에는 임금의 머리를 가려낼 수가 없어 따로따로 장례를 지냈는데 그 무덤을 삼왕총이라고 하였다." 魯迅, 앞의 책, pp.412-413.

15) 필자의 관점에 따라 해석하였음. 司馬遷, 『史記今註』(馬持盈 註, 臺灣商務印書館, 1979), p.3219.

16) 왕가위(王家衛)의 영화 「동사서독 東邪西毒」(1994)은 서독 구양봉(歐陽鋒)의 독백으로 시작한다. "내 이름은 구양봉, 내 직업은 남을 도와 골치 아픈 일을 해결해 주는 것이다[我的職業就是幫助別人解除麻煩]."

17) 춘추오패(春秋五覇)란 춘추 시기를 주도했던 다섯 나라의 군주, 즉 제환공(齊桓公)·진문공(晋文公)·초장왕(楚莊王)·오왕 합려(吳王 闔閭)·월왕 구천(越王 勾踐)을 가리키며, 그 나라를 이르기도 한다. 이에 비해 전국에는 천하를 통일한 진(秦)을 비롯하여, 초(楚)·연(燕)·제(齊)·한(韓)·위(魏)·조(趙)의 칠웅(七雄)이 있었다.

18) 『戰國策』의 묘사는 좀더 극적이다. "몸에다 옻칠을 하여 문둥병자처럼 만들었으며, 수염을 없애고 눈썹을 밀어내서 그 얼굴을 바꾼 채 남에게 먹을 것을 구걸하였다. 그 아내가 말하기를 '생김새는 지아비와 같지 않은데 어찌 그 목소리가 저리도 같을꼬?'라고 하니, 예양이 드디어 숯을 삼켜 그 목소리조차 바꾸었다."

19) 司馬遷, 앞의 책, pp.2538-2540.

20) 위정자의 입장에서 사회의 규범보다 개인의 가치를 우선하는 협의 존재는 긍정적인 평가의 대상일 수 없었다. 전국 시

기의 대표적 저작 가운데 하나인 『한비자 韓非子』는 "협은 무로써 법을 어긴다[俠以武犯禁]"는 말로 협의 존재를 비판 하였다.

21) "一人作事一人當"이나 "一人計短, 二人計長"은 모두 중국 의 속담[俗語]이다. 속담이란 보통 사람들이 입버릇처럼 되 뇌는 말이고, 그런 만큼 어떤 경전(經典)의 도리보다 처세에 영향을 주는 말이다. 그리고 그 말들은 완전히 상반되는 이 치를 말하고 있어도 전혀 상충되지 않고 한 사람에 의해 선 택될 수 있는 기묘한 특성을 지니고 있다.

22) 진(秦)을 비롯한 전국 시대의 형벌은 주로 신체형이었고, 이 것은 한대(漢代)에도 답습되었다.

23) 「와호장룡」의 영향력은 비단 영화에만 국한되지 않는다. 영 화의 성공으로 인해 원작인 왕도려(王度廬)의 소설에 대한 관심이 높아지고, 무협 드라마 제작 붐이 일었을 뿐 아니라, 캐릭터 모델 완구 및 PC 게임 등 문화 산업 전 영역에 그 영 향이 계속되고 있다.

24) 지금은 1인칭 대명사 '나'의 의미로 쓰이는 글자 '我'는 갑골 문에서 날 부분이 톱날과 같은 의장용 무기를 뜻하는 상형자 였다.

25) 「열혈남아」의 원 제목은 '몽콕하문[旺角下門]'이다. 몽콕은 홍콩 안의 한 구역을 가리키는 지명이고, 그곳에는 '남자들 의 거리[男人街]'가 있다.

26) 『맹자 孟子』 「고자 告子」 상(上).

27) 이 말은 전한 시기의 유생 가의(賈誼)가 쓴 「과진론 過秦論」 에 보인다. 고대에는 효산(崤山) 동쪽의 땅을 산동이라 불렀 는데, 이곳은 전국 7웅 가운데 진(秦)을 제외한 나머지 6국의 옛 땅이었다.

28) 김현, 「武俠小說은 왜 읽히는가」(『世代』, 1969. 10), pp.295-303.

29) 시대에 따라 차이는 있지만, 실제 역사에서 무당과 소림은 대 체로 왕실의 비호를 받고 그 세력을 유지했다. 당대(唐代)에 는 도교를 국교로 삼아 대규모의 도교 사원을 지원했고, 송 대(宋代)에는 선종(禪宗)이 사대부와 민간의 생활에 깊숙이 파고들었다. 중앙정부의 입장에서는 민심의 안정을 도모하

기 위해 이름 있는 종교 성지에 대한 포섭과 후원이 불가피
했을 것이다. 따라서 무당이나 소림처럼 이름 높은 도교·불
교 사원은 점차 왕실과 긴밀한 연계를 맺고, 필연적으로 어
용화(御用化) 경향을 띠게 된다. 이른바 명문정파에 대한 양
면적인 서술은 이런 관점에서 이해할 수 있을 것이다.

30) 한국에서도 크게 인기를 모았던 드라마「판관포청천 判官包
青天」은 청대(清代)의 협의소설『삼협오의 三俠五義』를 저
본으로 삼는데, 이 작품이 바로 공안에 기초한 것이다.

31) '금대야에 손을 씻는다'는 뜻으로 어떤 일을 청산하고 그 일
에서 손을 떼는 것을 상징하는 의식. 강호에서의 은퇴를 공
식적으로 알릴 때 거행한다.「소오강호」에서 형산파(衡山派)
의 유정풍(劉正風)도 이러한 은퇴식을 치르려다가 '멸문의
화[滅門之禍]'를 입는다.

32) 두기봉(杜琪峰)의「더 히어로」(1998). 중국어 제목은 '진심영
웅(眞心英雄)', 영어 제목은 'A Hero Never Dies'이다. 영화는
제목만큼 촌스럽지만, 무협은 촌스러운 만큼 정통적이다.

33) "옛 책에서 이르기를, 뜻이 있으면 말로써 뜻을 족하게 하고
문채로써 말을 족하게 한다. 말하지 않으면 누가 그 뜻을 알
겠는가? 말에 문채가 없으면 행해져도 멀리 가지 못한다[志
有之, 言以足之, 文以足言. 不言, 誰知其志? 言之無文, 行
以不遠]."(『좌전 左傳』「양공 25년」)

무협

| 펴낸날 | 초판 1쇄 2004년 2월 10일 |
| | 초판 5쇄 2018년 1월 10일 |

지은이	문현선
펴낸이	심만수
펴낸곳	(주)살림출판사
출판등록	1989년 11월 1일 제9-210호

주소	경기도 파주시 광인사길 30
전화	031-955-1350 팩스 031-624-1356
홈페이지	http://www.sallimbooks.com
이메일	book@sallimbooks.com

| ISBN | 978-89-522-0191-1 04080 |
| | 978-89-522-0096-9 04080(세트) |

001 미국의 좌파와 우파   eBook

이주영(건국대 사학과 명예교수)

미국 좌파와 우파의 변천사를 통해 미국의 정치와 사회, 그리고 문화가 어떻게 형성되고 변해왔는지를 추적하고 있다. 그리고 각 시대의 고민들이 무엇이었는지, 그리고 그것들을 해결하는 데 주도적인 역할을 했던 세력들의 발자취를 통해 지식인들과 정치인들의 역할이 무엇인지 서술했다.

002 미국의 정체성 10가지 코드로 미국을 말한다   eBook

김형인(한국외국어대 사학과 교수)

개인주의, 청교도정신, 개척정신, 실용주의 등 10가지 코드를 통해 미국인의 정체성과 신념을 추적한 책이다. 미국인의 가치관과 정신이 어떠한 과정을 통해서 형성되고 변천되어왔는지를 보여준다. 오늘날 미국이 세계의 패권을 쟁취하게 된 정신적 배경 등 역사·문화·정치 분야에 대한 다양한 접근을 통해 미국의 정체성을 드러낸다.

003 마이너리티 역사 혹은 자유의 여신상   eBook

손영호(청주대 역사문화학과 교수)

미국의 상징인 '자유의 여신상'의 신화와 감춰진 실상 등을 다룬 책이다. 여신상의 제작 과정과 미국에 기증된 배경, 여신상의 이미지가 미국의 역사와 미국인의 생활 속에 어떻게 변질되고 왜곡되었는지를 보여준다. 우리는 이 책을 통해 아메리칸 드림의 선봉장인 여신상이 어떻게 미국의 건국정신뿐만 아니라 미국의 모순까지도 드러내는지를 알 수 있다.

004 두 얼굴을 가진 하나님   eBook
성서로 보는 미국 노예제

김형인(한국외국어대 사학과 교수)

성서가 노예제도를 비호하는 가장 중요한 텍스트였다? 성서에 대한 노예제 찬반론자들의 해석을 통해 어떻게 인간에 의해 '두 얼굴을 가진 하나님'이 만들어지는지를 보여주는 책이다. 성서를 근거로 자신들의 입장을 어떻게 옹호하려 했는지를 구체적 예를 들어가면서 살펴보고 있다.

009 미국 문화지도

장석정(일리노이 주립대 경영학 교수)

정치, 경제, 언론, 문화, 예술 등 다양한 분야에 걸쳐서 미국 문화의 전반적인 틀을 소개한 책이다. 미국 문화와 속성, 그들의 독특한 언어관과 세계관을 우리의 문화와 비교하면서 그려내고 있다. 이 책을 통해 우리는 미국을 알 수 있는 것과 동시에 우리 자신도 알 수 있게 될 것이다.

058 중국의 문화코드

강진석(한국외국어대 중국외교통상학부 교수)

중국의 핵심적인 문화코드를 통해 중국인의 과거와 현재, 그들 문명의 형성 배경과 다양한 문화의 양상을 조명한 책이다. 이 책은 문화에 대한 접근을 통해 중국을 해부하고 있으며, 이를 통해 중국인의 대표적인 기질이 어떠한 역사적 맥락에서 형성되었는지 주목하고 있다.

079 미국을 만든 사상들 `eBook`

정경희(영산대학교 자유전공학부 교수)

낯선 땅 아메리카 대륙에 정착한 초기 식민지인들은 어떤 고민을 했을까? 그들을 혁명으로 몰아가게 한 사상은 무엇인가? 미국을 만들어가는 과정에서 그들이 겪었던 갈등과 쟁점은 또한 무엇이었을까? 이 책은 이러한 물음에 대한 대답과 함께 연방주의자와 반연방주의자가 대립하는 과정에서 쏟아져 나온 수많은 정치저술서를 통해서 오늘의 미국을 만든 정치사상이 무엇이었는가를 보여준다.

082 미국의 거장들 `eBook`

김홍국(정치평론가·국제정치학 박사)

항상 '세계 최고'라는 수식어가 자연스럽게 따라다니는 미국의 거장들. 이 책은 미국 경제의 토대를 닦았던 리더들의 꿈과 좌절, 그리고 불굴의 의지와 변신을 통해 어떻게 미국이 세계 경제의 강자로 군림하고 있는지를 설명한다. 미국의 거장들이 독특한 경영철학과 사업전략으로 거대한 부를 이룬 과정이 소개되고, 그들이 세계 경제에 끼치는 영향 등이 설명된다.

083 법으로 보는 미국

채동배(미국 텍사스 댈러스 지방법원 판사)

미국 사법제도의 이해를 통해 한국 사법제도의 개혁 방향을 모색한 책이다. 미국 현직 판사 신분을 가지고 있는 이 책의 저자는 미국의 사법제도가 형성된 과정과 초기 변호사들의 활동을 통해 미국이 그러한 법률 문화를 가지게 된 배경을 설명한다. 그리고 이를 통해 한국 사법제도의 개혁에 대해서 그 구체적인 방안을 제시하고 있다.

262 미국인의 탄생 미국을 만든 다원성의 힘 `eBook`

김진웅(경북대 사회교육학부 교수)

다양한 인종들이 모여 사는 나라 미국. 구조적인 갈등과 대립 속에서 어떻게 조화를 이루며 미국이라는 거대한 국가를 형성하고 또한 정체성을 형성해왔는가를 설명한 책으로 오늘의 미국인이 걸어온 길을 천착한다. 이 책의 저자는 미국적 동질성을 이끈 힘, 다양한 문화의 수혈, 공식 언어 문제를 다루면서도, 미국이 안고 있는 문제에도 주목한다.

331 중화경제의 리더들 `eBook`
팍스 시니카와 화교 네트워크

박형기(전 「머니투데이」 국제부장)

개혁개방을 선언했지만 자본이 없었던 중국 공산당에 막대한 '시드 머니'를 대준 이들이 바로 세계 각국에 퍼져 있는 화교들이다. 이들은 강한 적응력으로 각처에서 경제적 성공을 거두었고 이를 바탕으로 '조국'의 경제성장을 지원했다. 세계 경제에서 두각을 나타내는 중국계 경제인들을 살펴본다.

464 미국의 장군들 `eBook`

여영무(남북전략연구소장)

흔히 인류의 역사를 가리켜 '전쟁의 역사'라고 한다. 전쟁을 기점으로 역사가 완전히 뒤바뀌는 경우를 생각하면 '전쟁의 리더'는 그야말로 인류 역사를 좌지우지하는 최고 권력자인 셈이다. 그중에서도 이 책은 미국의 역사 속에서 빛을 발한 14인의 군사 리더들에게 초점을 맞춘다.

eBook 표시가 되어 있는 도서는 전자책으로 구매가 가능합니다.

001 미국의 좌파와 우파 | 이주영 eBook
002 미국의 정체성 | 김형인 eBook
003 마이너리티 역사 | 손영호 eBook
004 두 얼굴을 가진 하나님 | 김형인 eBook
005 MD 미사일 방어 체제 | 정욱식 eBook
006 반미 | 김진웅 eBook
007 영화로 보는 미국 | 김성곤 eBook
008 미국 뒤집어보기 | 장석정
009 미국 문화지도 | 장석정
010 미국 메모랜덤 | 최성일
056 중국의 고구려사 왜곡 | 최광식 eBook
057 중국의 정체성 | 강준영 eBook
058 중국의 문화코드 | 강진석
059 중국사상의 뿌리 | 장현근 eBook
060 회교 | 정성호 eBook
061 중국인의 금기 | 장범성
062 무협 | 문현선 eBook
063 중국영화 이야기 | 임대근 eBook
064 경극 | 송철규 eBook
065 중국적 사유의 원형 | 박정근 eBook
079 미국을 만든 사상들 | 정경희 eBook
081 미국인의 발견 | 우수근
082 미국의 거장들 | 김홍국 eBook
083 법으로 보는 미국 | 채동배
084 미국 여성사 | 이창신 eBook
242 돈황 | 전인초 eBook

262 미국인의 탄생 | 김진웅 eBook
267 중국 종교의 역사 | 박종우 eBook
293 문화대혁명 | 백승욱 eBook
301 리콴유 | 김성진 eBook
302 덩샤오핑 | 박형기 eBook
322 미국의 대통령 선거 | 윤용희 eBook
328 베이징 | 조창완 eBook
329 상하이 | 김윤희 eBook
330 홍콩 | 유영하 eBook
331 중화경제의 리더들 | 박형기 eBook
332 중국의 엘리트 | 주장환 eBook
333 중국의 소수민족 | 정재남
334 중국을 이해하는 9가지 관점 | 우수근 eBook
357 미국의 총기 문화 | 손영호 eBook
359 조지 워싱턴 | 김형곤 eBook
362 모택동 | 김승일 eBook
371 대공황 시대 | 양동휴 eBook
404 핵심 중국어 간체자(简体字) | 김현정
428 역사로 본 중국음식 | 신계숙 eBook
432 중국차 이야기 | 조은아 eBook
464 미국의 장군들 | 여영무 eBook
490 역사를 움직인 중국 여성들 | 이양자 eBook
491 중국 고전 이야기 | 문승용 eBook
551 미국 독립전쟁 | 김형곤 eBook
552 미국 남북전쟁 | 김형곤 eBook

㈜살림출판사
www.sallimbooks.com
주소 경기도 파주시 광인사길 30 | 전화 031-955-1350 | 팩스 031-624-1356